EINMAL - GEBOREN,
ZWEIMAL - GEBOREN ZEN

Die Soto- und Rinzai-Schulen des japanischen Zen Buddhismus

EINMAL - GEBOREN, ZWEIMAL - GEBOREN ZEN

Die Soto- und Rinzai-Schulen des japanischen Zen Buddhismus

von Conrad Hyers

ENSO - Verlag

Bibliographische Information der Deutschen Nationalbibliothek.
Die Deutsche Nationalbibliothek verzeichnet diese Publikation in der Deutschen Nationalbibliographie; detaillierte bibliographische Daten sind im Internet über http://dnb.d-nb.de abrufbar.

Titel der Originalfassung:
ONCE-BORN, TWICE-BORN ZEN
The Soto and Rinzai Schools of Japanese Zen

Published by arrangement with Wipf and Stock Publishers,
199 West 8th Avenue, Suite 3,
Eugene Oregon 97401.

Übersetzung: Regina Oberndorfer
Satz und Herstellung: Digital Print Group, Nürnberg

ISBN 978-3-9813504-3-2
www.enso-verlag.de

In Erinnerung an die Güte von

OGATA SOHAKU
und
DOI MASATOSHI

INHALTSVERZEICHNIS

Dogen-Portrait, im Besitz des
Hokyo-ji Tempels der Fukui Präfektur

Hakuin Zenji
Selbst-Portrait

EINLEITUNG

Zen-Mystik

Während einer öffentlichen Lesung von Lucien Stryk aus seiner Übersetzung „Nach den Bildern: Zen Gedichte von Shinkichi Takahashi" an der St. Louis Universität ereignete sich folgender Vorfall. Eine junge Frau aus dem Publikum nahm ein Exemplar des Buches, aus dem er gerade vorlas (und welches sie beim Eintritt in den Saal gekauft hatte) und riss es in kleine Stücke. Stryk hatte gerade einige Eingangsbemerkungen zur Natur des Zen gemacht und fing an, Zen Gedichte vorzutragen. Das Geräusch der Störung war derart groß, dass sich einige aus dem Publikum beschwerten, dass sie nichts verstehen würden. Die Frau antwortete: „Ich weiß", und fuhr fort, die Seiten zu zerreißen. Stryk las weiter vor. Als sich die Situation weiter zuspitzte, unterbrach ein Zuhörer Stryk und meinte, dass dieses Zerreißen wohl ein Versuch sei, etwas in Zen-Weise mitzuteilen. Stryk erwiderte, er hätte die Botschaft vernommen und fuhr fort vorzulesen.

Als das Buch zu Schnipseln geworden war, sammelte eine andere Frau die Teile auf, trug sie im Saal nach vorne und legte sie Stryk wie eine Opfergabe zu Füßen. Dann grüßte sie in Gassho und Stryk erwiderte den Gruß mit Gassho, dabei sprach er das Wort „Gassho" laut aus. Die beiden Frauen drehten sich um und bahnten sich unter einigen Schwierigkeiten einen Weg aus dem voll besetzten Saal. Stryk fuhr fort die Zen-Gedichte zu lesen. Die Spannung im Saal nahm immer mehr zu, so dass Stryk seine Lesung nach einer Weile unterbrach. Er meinte, er sei kein Zenmeister, deshalb wolle er das Verhalten der Frauen nicht bewerten, sondern nur anmerken, dass sie mit diesem Eklat „sich selbst auf peinliche Weise bloßgestellt hätten."

Es stellte sich heraus, dass die Frauen Lehrerinnen orientalischer Philosophie waren und sich selbst als Schülerinnen des Rinzai-Zen betrachteten. Später sagten sie, die Handlungen wären nicht vorsätzlich geplant oder durch irgendeine Feindseligkeit gegenüber Stryk begründet gewesen, sondern „spontane Gesten". Sie hatten zu diesem Zeitpunkt genau gewusst, was sie hätten tun müssen. Die eine Frau sagte, dass das feierliche Überreichen der zerrissenen Seiten an Stryk für ihn ein Augenblick für eine potentielle Erleuchtung gewesen sei. Er habe aber die Gelegenheit nicht angenommen, was durch seine nervöse und überflüssige Aussprache des Wortes *Gassho* bei der Verbeugung zum Ausdruck gekommen sei.

Die Frau, die die Bücher zerstört hatte, gab an, dass sie schon dreimal bei ähnlichen Anlässen in der Vergangenheit ihre gesamte Sammlung von Zen-Büchern verbrannt hätte und dass sie dieses Mal wieder von der paradoxen Situation, über Zen einen Vortrag halten zu wollen, überwältigt worden sei. Zen, darauf bestand sie, sei der „wortlose Dharma", die nicht zu lehrende Lehre, und jeglicher Versuch sie in Worte zu fassen, sei sinnlos und widersprüchlich in sich selbst. Ein Reporter bot ihr ein Exemplar des Buches von Lucien Stryk an, welches sie annahm!

Die Mystifizierung des Zen

Während der Flower-Power Zeit der sechziger und siebziger Jahre, als der Zen-Buddhismus im Westen populär wurde, präsentierte er sich im Allgemeinen als etwas durch und durch Rätselhaftes. Das war unabhängig davon, welche großen Zen-Meister gelehrt, gepredigt, ermahnt und geschrieben haben – mit Worten selbstverständlich. Es spielte keine Rolle, dass der Buddhismus eine ansehnliche Schriftensammlung allein im Pali Kanon aufweist sowie eine überwältigende Sammlung von Mahayanaschriften. Es bleibt unbeachtet, dass bestimmte Mahayana Sutras, wie das *Prajnaparamita Sutra*, das *Avatamsaka Sutra*, das *Vajracheddika Sutra*, das *Vimalakirti Sutra* und das *Lankavatara Sutra* von den frühen chinesischen Meistern bevorzugt wurden. Ebenso wurde ignoriert, dass mancherlei Sutren täglich in Zen-Klöstern rezitiert werden. Genauso links liegen gelassen wurden die von Leben und Energie strotzenden Werke der beiden großen japanischen Meister, Dogen und Hakuin. Von allerhöchstem Interesse war allerdings die Wortlosigkeit des Zen und seine entlarvende Haltung Worten gegenüber. Dies stand im Einklang mit dem Subjektivismus und dem Anti-Autoritarismus dieser Zeit.

Die Sammlung von undurchsichtigen Anekdoten und sinnwidrigen Koans quälten die in Aristotelischer Logik, Cartesischer Philosophie und Newtonschem Denken geschulten abendländischen Vorstellungen. Die Bilder von Zen-Meistern, die Sutrenrollen zerrissen, Buddhas und Vorfahren beleidigten,

Schüler anbrüllten und traten, Sandalen auf ihr Haupt stellten, mit hölzernen Bällen jonglierten, schweigend Fliegen-Wedel hochhielten, sich über den Satz von Nicht-Widerspruch oder dem Gesetz vom „Ausgeschlossenen Dritten“ hinwegsetzten, boten einen neuen Heldentyp für den wachsenden Kult des Anti-Intellektualismus. Die weitere Assoziation, die Zen mit Spontanität und Direktheit verbindet – wie auch immer dies auch aus der tatsächlichen Strenge und Reglementierung des klösterlichen Lebens und meditativer Praxis herausgenommen sein mochte – boten jenen willkommene Unterstützung, die sofortige Befreiung von Gesetz und Ordnung, von Reglementierungen, persönlicher Disziplin, dem Etablissement und von Klavier-Stunden suchten. Und die Aussicht auf eine plötzliche, erd-erschütternde und umwerfende Erleuchtungserfahrung hatte eine psychedelische Anziehungskraft für diejenigen, die ansonsten sofortige mystische Stimmungshochs und veränderte Geisteszustände suchten.

In diesem Kontext war Zen leicht als im Wesentlichen undurchdringbar für rationale Gedanken oder verständliche Interpretationen zu deuten. Zen war die Quintessenz des unergründlichen östlichen Geistes, eingehüllt in der Unbeschreiblichkeit der Mystik im Allgemeinen und der buddhistischen Erleuchtung im Besonderen, abgeschieden hinter geheimnisvollen Klostermauern in einem weit entfernten und exotischen Land.

Obwohl immer mehr Bücher über dieses Thema erschienen und Kurse über asiatische Mystik die Hochschul- und Universitätsverzeichnisse überschwemmten, und die Vortragsreisen der Sache eher den Touch von Volkshochschulkursen gaben, wurde trotzdem darauf bestanden, dass Zen nichts war, über das richtig diskutiert, geschrieben, gelehrt werden konnte, oder das man auf andere Weise mit den Werkzeugen der Psychologie,

Philosophie Geschichte, Soziologie oder irgendeinem anderen Mittel des westlichen Intellektualismus erhellen könnte. Jeder Versuch, Zen interpretieren zu wollen, geschweige denn, ihn überhaupt erklären zu wollen, musste von der Verzichtserklärung begleitet sein, dass selbstverständlich und bedauerlicherweise, nichts darüber ausgesagt werden könne. Zen verkörperte das Zunichtemachen aller Erklärungen, den Zusammenbruch aller interpretierenden Geisteskategorisierungen, als einen Auftakt alle Worte, Konzepte und Unterscheidungen in einer Manifestation der Stille zu überschreiten.

Obwohl all diesem eine wichtige Wahrheit zugrundeliegt, welcher ich schon in meinem Buch *Zen and the Comic Spirit*[1] Anerkennung gezollt habe, handelt es sich nicht, wie bei allen Wahrheiten, um die ganze Wahrheit. Keine Erfahrung – selbst die Erfahrung des sich Wärmens in der Sonne oder dem Verspeisen einer Banane – kann durch Worte vollständig erlangt, erfasst, nachvollzogen oder erschöpfend behandelt werden. Aber daraus folgt nicht, dass Worte ganz bedeutungslos, hoffnungslos sinnentstellend sind oder unfähig eine Erfahrung überhaupt zu erläutern. Worte stellen ein großes Problem dar, das ist sicher, aber Worte sind auch ein besonderer und wunderbarer menschlicher Besitz. Die Worte auf die Welt der Maya [Täuschungen] zu reduzieren, bedeutet das Ausmaß dessen zu verfehlen, das sie zu unserer menschlichen Begabung und Errungenschaft macht. In und durch Worte wird die Wahrheit gleichzeitig offenbart und verborgen. Das ist das Paradox der Worte. Worte sind „der „Finger, der auf den Mond zeigt“ – um ein altes buddhistisches Gleichnis zu verwenden – und sollten als solche nicht mit dem Mond verwechselt werden. Immerhin sind sie dazu geeignet, in die generelle Richtung zu weisen. Muss denn der rationale und intuitive Geist immer darüber streiten?

Wie soll man singen?
Ein ewiges Streitthema zwischen der
Frosch- und der Feldlerchen-Schule.

Shiki[2]

Im Westen hat der Versuch authentischen Zen zu lehren und zu bewahren, oft zu falschen Ergebnissen geführt. Im Namen des Schutzes der wesentlichen Erfahrungen und Einsichten des Zen, war das Ergebnis eine Mystifizierung des Zen, das Werfen einer Staubwolke von Verschleierung über eine Tradition, die sich ironischerweise dafür interessiert, klarer und direkter zu sehen. Dogen, der große Soto Meister aus dem 13. Jahrhundert, bot eine ausgeglichenere Sichtweise. Einerseits schrieb Dogen, „Nichts kann durch umfangreiche Studien und ausgedehntes Lesen erreicht werden . . . . Prosa und Poesie zu verfassen, ist auf Dauer nutzlos; daher sollte man es aufgeben . . . . Halte dich von den schriftlichen Lehren der Schulen des esoterischen und exoterischen Buddhismus fern. Sogar die Aufzeichnungen der Zen-Vorfahren sollten nicht in zu großem Umfang studiert werden."[3]

Andererseits lehrte, predigte und schrieb Dogen ziemlich viel zum Nutzen seiner Schüler und anderer über Zen. Er vertrat nicht ausschließlich die angebliche Zen Überzeugung: „Besondere Übermittlung außerhalb der Schriften, direktes Zeigen auf den menschlichen Geist, Einblick in die eigene Wesensnatur." Dogen lehnte die Unterscheidung zwischen äußerlicher und innerer Erkenntnis ab: dem Dharma, der in den buddhistischen Sutren enthalten ist und dem Dharma, der von Meister zu Schüler weitergegeben wird. Für ihn gab es nur einen Dharma, der auf beide Arten übermittelt wird. „Zu glauben, es gäbe eine besondere Übertragung außerhalb der Schriften, bedeutet die buddhistischen Lehren völlig falsch zu verstehen."[4]

Dogen wies ebenso die Behauptung der Zen Tradition zurück, dass der Buddha an Kasyapa (der erste in der Linie der Zen Vorfahren) etwas übermittelte, das getrennt von den buddhistischen Sutren-Lehren war oder etwas anderes zum Inhalt hatte. Es gibt nur einen einzigen buddhistischen Dharma, in welcher Form er auch immer ausgedrückt werden mag. Dogen zitierte bevorzugt die Antwort von Haryo auf die Frage eines Mönches, ob der Geist der Vorfahren und der Geist der Sutren gleich oder unterschiedlich wären: „Wenn es einem Huhn kalt wird, steigt es auf einen Baum; wenn es einer Ente kalt wird, begibt sie sich ins Wasser."[5]

In der Überlieferung der Zen-Übertragung von Buddha an Kasyapa, als Buddha das Wesentliche seiner Lehren zusammenfasste, indem er eine Sandelholzblume hochhielt und Kasyapa darauf als Erwiderung lächelte, sagte er: „Ich besitze das Auge und die Schatzkammer des Wahren Gesetzes und den ruhigen Geist des Nirvana. Nun übergebe ich ihn an Mahakasyapa." Zur allgemeinen Interpretation dieses Geschehnisses als Weitergabe einer geheimen, wortlosen Lehre, wie sie in ihrer Reinheit in der Zen-Tradition bewahrt wird, bemerkt Dogen: „Falls Buddha Worte ablehnte und lieber Blumen empor hielt, dann sollten diese Worte vor dem Hochhalten der Blume den Vortritt haben!"[6]

In gewissem Ausmaß ist die unterschiedliche Betonung des Rinzai und Soto Zen bereits am Thema der Worte und der Dharmaübertragung erkennbar. Es war das *Rinzai* Zen, das als Angebot zu revolutionärer Erfahrung und Erkenntnis präsentiert wurde, das geeignet erschien, alle Gedankenkategorien zu erschüttern, alle „theoretische Praxis" hinwegzufegen, und die

Welt auf den Kopf zu stellen. Es war das *Rinzai* Zen, das den westlichen Geist, der an vernünftige Argumente und an auf Erfahrung begründete Beweisführung gewohnt war, verwirrte. Mit dem Koan, dessen rätselhafter, widersprüchlicher oder unsinniger Charakter ein intellektuelles Verstehen unmöglich machte, wurde die innere und äußere Spannung zur Spitze getrieben und versprach, die Fesseln der Unwissenheit aufbrechen zu lassen, gerade wie wenn eine Zeitbombe in den Tiefen des Bewusstseins tickt.

Dies war *nicht* das Zen der Soto Schule und das Dogens, eines seiner größten Vertreter, der nur wenig Gebrauch von Koans, außergewöhnlichen Techniken oder Mitteln machte, die auf eine zunehmende Anspannung, Frustration, Zweifel und Verzweiflung abzielten, in der Hoffnung auf die Herbeiführung einer plötzlichen Erkenntniserfahrung. Die Frau, die Lucien Stryks Buch während der öffentlichen Lesung zerriss, handelte in Einklang mit so vielen Zen Anekdoten wie sie in den Rinzai Lehren favorisiert werden. Die zerrissenen Seiten wurden Stryk, während er Zen-Gedichte vortrug, dargebracht, als wären sie selber eine Art von Koan („das Paradox über Zen zu lehren“) und „ein Augenblick, der zu einer potentiellen Erleuchtungserfahrung“ für Stryk führen könnte. Ob nun die Frau – die von sich selbst behauptete, eine Studentin des Rinzai Zen zu sein – dabei exakt und richtig in der Rinzai Tradition handelte oder nicht, spielt keine wesentliche Rolle. Durch die Anekdote wird die Frage nach den Unterschieden zwischen den Zen Typen mit ihren jeweiligen Techniken und Verständnissen aufgeworfen. Rinzai ist weder das Ganze der Zen Welt noch ist es die einzige Form der Zenerfahrung.

KAPITEL I

Die Vielfalt der Zen-Erfahrung

Die westliche Zen-Literatur tendierte dazu, Zen als eine relativ einheitliche Erfahrung und Lehre darzustellen, als eine Art nahtloses Gewand der Wahrheit. Wenn dieses Bild der Gleichartigkeit wahr wäre, wäre es tatsächlich bemerkenswert und außergewöhnlich, wenn man berücksichtigt, dass Zen in vielen Traditionen oder Schulrichtungen durch die letzten 1200 Jahre der belegbaren Geschichte hindurch existiert hat und nicht nur chinesische und japanische, sondern auch koreanische und vietnamesische Formen ausgebildet hat. Zen ist tatsächlich dafür bekannt, dass es mit einer großen Anzahl von Meistern gesegnet ist, die keineswegs anonyme Klone ihrer Vorgänger sind, sondern die als starke und einmalige Persönlichkeiten angesehen werden, deren Zen-Lehre und Praxis eine unverwechselbare Ausprägung eigener Art in der Unterscheidung von einem Meister zum anderen aufweist.

Über die Tatsache hinausgehend, dass Zen in seiner wortwörtlichen Bedeutung als „Meditation“ in irgendeiner Form und Wichtigkeit in vielen Arten des Buddhismus gefunden wird und natürlich auch in jeder der Yogaschulen, die sich in

Indien entwickelt haben, gibt es doch eine beträchtliche Vielfalt innerhalb dieser kleinen Strömung der Meditationspraxis, die ihre Abstammung vom indischen Buddhismus durch die schattenhafte Gestalt des Bodhidharma ableitet, der das Meer nach China im 6. Jahrhundert überquerte. Der Mythos von der einheitlichen Zen-Erfahrung, Lehre oder Übung kann nicht aufrecht erhalten werden, weder in seiner chinesischen Erscheinungsform noch später in seiner koreanischen, japanischen und vietnamesischen.

Anekdoten über Bodhidharma sind selbst ziemlich oberflächlich und legendenhaft, so dass sie verschiedene Interpretationsmöglichkeiten darüber zulassen, was er mitbrachte, lehrte oder sonst von Indien nach China übermittelte. Am eindeutigsten liegt sein Schwerpunkt auf der Meditation (Sanskrit, dhyana; chinesich, ch'an; japanisch, zen). Folglich wurden alle, die dieser Richtung gefolgt sind als der Meditations-Schule zugehörig angesehen. Jedoch ist es nicht klar, was er genau unter Meditation verstand, und was er als Meditationstechnik und -gegenstand ansah. Genauso unklar sind die Gemeinsamkeiten und Unterschiede zwischen Bodhidharma-Zen und anderen Formen des indischen *dhyana* – einem gebräuchlichen Begriff in den Yoga Systemen – oder seiner Verwandschaft zu klösterlichen Regeln (*vinaya*), buddhistischen Schriften (*sutra*) und Lehrmeinungen (*dharma*).

Nach Bodhidharma wurden unterschiedliche Meister zu Kristallisationspunkten von verschiedenartigen Meditations-Lehren, die wiederum in unterschiedlichen Beziehungen zu Bodhidharma, dem chinesischen Taoismus und anderen Formen des chinesischen Buddhismus standen. Einige Jahrhunderte lang schien Zen (Ch'an) eine sehr flexible Tradition gewesen zu sein, mit Schulen, die sich aus verschiedenartigen Linien von

Lehren entwickelt hatten, aus Übungen und Anwendungen, und die keinesfalls ohne „Steine des Anstoßes" waren. Ebenfalls ziemlich früh entstand ein Graben zwischen den Nördlichen „allmählichen Erleuchtungs"- und den Südlichen „plötzlichen Erleuchtungs"-Schulen. Der südliche Ableger hat sich in mindestens fünf Hauptschulen aufgespalten, den „fünf Bergen" des Zen. Zwei dieser Schulen wurden im 13. Jahrhundert zum Fundament für die zwei Hauptschulen des japanischen Zen, Rinzai und Soto, die sich in mehreren wichtigen Aspekten unterscheiden. Die japanische Tradition besagt, dass 24 Schulen von China nach Japan eingeführt wurden, entweder von chinesischen Mönchen, die nach Japan kamen oder von japanischen Mönchen, die aus China zurückkehrten. Eine dieser Schulen, die in kleiner Mitgliederanzahl in der Gegend von Kyoto überlebte, ist das Obaku Zen, welche bei der Meditation den Chorgesang des *nembutsu* (*namu amida butsu*, „Lob dem Amida Buddha") der Reinen Land Schule verwendet.

Die Vorherrschaft des Rinzai

Teil des einheitlichen Erscheinungsbildes von Zen im Westen ist der Tatsache geschuldet, dass vor 1970 fast alle Zen Literatur in englischer Sprache aus dem Bereich der Rinzai Schule stammte. Dies ist auch, wie bereits erwähnt, der Grund für die Mystifizierung des Zen, die während dieser Periode vorherrschte. Es war die Rinzai Schule, die großen Wert auf die Meditationsanwendung der Koans und solch nicht-verbaler Hilfsmittel wie Anschreien, Treten und Schlagen legte. Im Rinzai wird so viel Aufmerksamkeit auf das Zunichtemachen, sich die Wahrheit durch Worte und Konzepte anzueignen gelegt, genauso wie dort versucht wird, das trügerische Ego und sein Greifen zu zerschmettern, und die Unterscheidung in die Subjekt- und Objekt-Trennung zum Einsturz zu bringen. Das entschiedene Ziel des Rinzai Zen ist die Zerstörung falscher Denkweisen und Verhalten, welche die Täuschungen des gewöhnlichen Bewusstseins ausmachen, um eine Revolution im Bewusstsein herbeizuführen, durch die man fähig ist, augenblicklich und klar aus der Reinheit der eigenen Selbst-Natur heraus zu sehen.

Vielleicht ergab sich die Popularität des Zen während der stürmischen Zeit der Sechziger und frühen Siebziger Jahre zum Teil daraus, weil es dem *Rinzai* Zen, so wie es in Erscheinung trat – im Großen und Ganzen fehlerhaft - leicht gelang, sich dem Zeitgeist mit seinem Anti-Intellektualismus und Anti-Legalismus anzupassen, seinem Wunsch nach direkter und unmittelbarer Erfahrung, seiner Suche nach veränderten Bewusstseinszuständen und seinem allgemeinen Interesse, Dinge zum Einsturz zu bringen, das Gesellschaftsgefüge zu sprengen und allgemein anerkannte Muster zu revolutionieren. Die Rinzai Literatur war voll von Zeugnissen dramatischer und ekstatischer Erfahrungen, die das Leben der Leute aus der Bahn geworfen und verändert hatten. „Es war, als ob ich einen kleinen Schritt gemacht hätte und das ganze Universum umgekrempelt worden wäre“ schreibt ein Befragter.[1] Ein anderer berichtet: „Es gab kein Vorher oder Nachher. Alles war so, als ob es außer Kraft gesetzt worden wäre. Die Objekte meiner eigenen Meditation und mein eigenes Selbst waren verschwunden. Das einzige, was ich fühlte, war, dass mein eigenes Innerstes völlig vereint und angefüllt mit allem, was oberhalb von mir, unterhalb und ganz um mich herum war.“[2]

Vieles der frühen Zen-Literatur stammte von dem Rinzai Gelehrten Daisetz T. Suzuki, der diesen Bereich für ein halbes Jahrhundert mit zwanzig Büchern und häufigen Aufsätzen in Englisch beherrschte. Er war der Gründer des *Östlichen Buddhisten (The Eastern Buddhist)* im Jahr 1910 und Autor einer ersten Sammlung von *„Essays im Zen Buddhismus" (Essays in Zen Buddhism)* in englischer Sprache von 1927. D.T. Suzuki lehrte, schrieb und dozierte über Zen und den Mahayana Buddhismus bis zu seinem Tod 1966 im Alter von 95 Jahren. Das Zen im Westen war im Wesentlichen Suzuki Zen. Und Suzuki Zen war Rinzai Zen.

Auch Zen-Meister wie Shohaku Ogata und Shibayama Roshi publizierten ihre Arbeiten auf Englisch. Zen-Filme, wie Ruth Stephans *Zen in Ryoko-in,* stellten das Leben und die Praxis der Rinzai Tradition besonders heraus. Unweigerlich gründeten die meisten westlichen Verfasser dieses Themas ihre Arbeiten gänzlich auf dem Rinzai Zen, wenn nicht auf dem Suzuki Zen. Diese Tendenz wurde weiterhin durch die Tatsache verstärkt, dass die Zen-Literatur vor allem aus den vom Rinzai Zen favorisierten Koan-Sammlungen wie dem *Mumonkan* und *Hekiganroku* und anekdotenhaften Aufzeichnungen von Zen Mönchen bestand, die plötzlich erleuchtet wurden, nachdem sie in den Brustkorb gestoßen, vom Schreien des Meisters schwerhörig oder mit einem Dachziegel auf den Kopf geschlagen wurden, und ähnlichem mehr. Die Zen-Praxis und -Erfahrung entsprach der Rinazi-Praxis und -Erfahrung, wie es in Heinrich Dumoulins Beschreibung des wesentlichen Zen-Anliegens mit dem klassischen Rinzai Ausdruck dargestellt wird: „Der Mensch muss sich einem Gesinnungswandel unterziehen, einem Durchbruch oder Erwachen, um zu seinem wahren Selbst zu finden und Zugang zu dem zu erlangen, was authentisch Wirklichkeit ist. Der

Zen Buddhismus bezeichnet diese Umformung als ‘großen Tod‘ – den einzigen Weg, durch den der Mensch in das wahre Leben eintreten kann.“[3] Es gibt keine Bestätigung und offensichtlich keine Anerkennung dafür, dass von den beiden Hauptschulen des Zen in Japan, dies nur die Ansicht speziell des Rinzai-Weges ist.

Lediglich in den letzten beiden Jahrzehnten begann sich englische Literatur aus der Soto Schule (ironischerweise die größere der zwei japanischen Schulen) heraus zu entwickeln, und zwar mit den Arbeiten der ausgewanderten Soto Meister wie Shunryu Suzuki und Taizan Maezumi[4]. Seine westlichen Schüler und Zen-Gelehrte wie Masao Abe wirkten an den Übersetzungen der Soto-Klassiker und Dogens voluminösem *Shobogenzo*[5] unterstützend mit. Die Welt des japanischen Soto Zen und vor allem die ihres Gründervaters und philosophischen Genies Dogen wird nun ausreichend im Westen bekannt und kann nicht länger verschwiegen oder nur auf das Rinzai Zen zurückgeführt werden. Trotz allem sind die Hauptunterschiede zwischen den beiden Schulen und ihrer Interpretation der Zen-Praxis und deren Auswirkungen längst nicht wirklich verstanden oder richtig eingeschätzt. Dies zu tun, ist das Anliegen dieses Buches.

Die zwei Suzukis

In seinem Vorwort zu Zen-Meister Shunryu Suzukis Buch Zen-Geist, Anfänger-Geist (1970), bemerkte Huston Smith den markanten Unterschied zwischen den zwei Suzukis und ihrer unterschiedlichen Gewichtung. „Während Daisetz Suzukis Zen dramatisch war, ist Shunryu Suzukis alltäglich. *Satori* (Erleuchtung) war für Daisetz der Fokus, und es war größtenteils die Faszination dieses außergewöhnlichen Zustandes, das seine Schriften so fesselnd machte. In Shunryu Suzukis Buch tauchen die Worte *Satori* oder *Kensho*, als seinem nahen Äquivalent, niemals auf."[6] Diese Beobachtung ist recht aufschlussreich. Das Rinzai Zen zielt auf die Auslösung einer ekstatischen Erleuchtungserfahrung durch Hilfsmittel wie die unerbitterliche Konzentration auf das Koan und häufige *Dokusan* (Gespräch) Beratungen mit dem Meister, in welchem die eigene Koan-Konzentration angespornt, infrage gestellt und getestet wird. Soto Zen beansprucht die Erleuchtung als Zentrum des eigenen Daseins und Lebens; es ist kein Ziel, hinter dem man herjagen soll, sondern eine immer gegenwärtige Realität und nicht erreichbar, da sie die Grundlage allen Erreichens ist.

Obwohl es unrichtig ist zu sagen, dass die Worte *Satori* ('Einsicht') und *Kensho* ('Erblicken der eigenen Wesensnatur') in Shunryu Suzukis Lehren oder denen des Soto im Allgemeinen nicht auftauchen, werden sie doch in einem anderen Zusammenhang und mit anderer Aussagekraft gebraucht. Der Schwerpunkt des Rinzai beim Ringen mit einem Koan um einer plötzlichen Erkenntniserfahrung und einer dramatischen Revolutionierung des Bewusstseins wegen ist nicht charakteristisch für Soto. Als Huston Smith die Gelegenheit zu einem Interview mit Shunryu Suzuki kurz vor dessen Tod erhielt, fragte er, warum es in seinem Buch nicht um Satori geht. Die Ehefrau des Roshi beugte sich herüber und flüsterte scherzhaft: „Es kommt daher, weil er keins hatte!" Der Roshi traktierte sie mit seinem Fächer, legte mit gleichermaßen scherzhafter Beunruhigung seine Finger auf die Lippen und sagte: „Psst! Verrate es ihm nicht!"[7]

Es ist nicht gerade so, dass Soto keinen Wert auf die Satori-Erfahrung legt – natürlich tut es das auch – aber es deutet diese Erfahrung sehr unterschiedlich. Soto legt normalerweise auch wesentlich weniger Wert auf dramatische Erlebnisse, da ihr Charakter als unvereinbar mit der Gelassenheit und Ruhe der Buddha-Natur angesehen wird. Außergewöhnliche emotionale Erfahrungen können als solche keine Erleuchtung oder wahres Verstehen sein, da die Buddha-Natur ruhig und unaufgewühlt ist. Emotionale Höhen – und Tiefen, die vorausgehen und ihnen oft folgen – sind Teil eines manisch/depressiven Syndroms, welches kaum ein Kennzeichen für den buddhistischen Zustand der Leerheit (Sunyata) sein kann. Wenn emotionale Höhen und schlagartige Erkenntnisse auftreten, soll man nicht bei ihnen verweilen oder von ihnen verführt werden. „Erleuchtung", lehrte Shunryu Suzuki, „ist nicht ein gutes Gefühl oder ein ungewöhnlicher Geisteszustand. Der Geisteszustand, der da ist, wenn du in der rechten Haltung sitzt, genau der ist Erleuchtung. Wenn du mit dem Geisteszustand in Zazen nicht zufrieden bist, bedeutet es, dass dein Geist noch herumwandert.... In dieser Haltung braucht man nicht über den richtigen Geisteszustand reden. Du besitzt ihn bereits. Dies ist die Schlussfolgerung des Buddhismus".[8] Oder nochmals: „Die Zen Schule basiert auf unserer tatsächlichen Natur, auf unserem wahren Geist, wie er in der Praxis ausgedrückt und verwirklicht wird.... Wir praktizieren Zazen, um unsere wahre Natur auszudrücken, nicht um Erleuchtung zu erreichen. Bodhidharmas Buddhismus ist es, die Praxis *zu sein*, Erleuchtung *zu sein*."[9]

Es ist wahr, dass Rinzai Meister dafür bekannt waren, Koans und schroffe Lehrmethoden zu verwenden, während Soto Meister das Nur-Sitzen ohne Konzentration auf ein Koan anwandten, dennoch gibt es wichtige Unterschiede zwischen den Schulen, die nicht auf die Frage der Gewichtung oder Abstufung zurückgeführt werden können. Auch haben einige Meister in der einen Tradition begonnen, aber es war ihnen nicht gelungen, einen geeigneten Lehrer zu finden oder sie waren sonst irgendwie unzufrieden, und nahmen ihre Praxis dann in einer anderen Tradition auf.

Daiun Harada Roshi und sein Schüler Hakuun Yasutani Roshi sind typische Beispiele, beide wechselten von der Soto- zur Rinzai-Praxis und beide unternahmen den Versuch, sich in ihren Lehren auf beide Traditionen zu stützen. Sie übernahmen die Rinzai Tradition und blieben im Wesentlichen auch dabei, jedoch brachten sie bei kritischen Themen, die sie vom Rinzai Standpunkt her interpretierten, auch die Soto-Tradition damit in Einklang.[10]

Wenn man anerkennt, dass das Herz des Zen Zazen (Meditation) ist, dann stellt sich immer noch die Frage, mit welcher Art Zen sich die Rinzai- beziehungsweise die Soto-Schule beschäftigen, und nach den Gründen für diese Beschäftigung. Welches sind die Unterschiede zwischen den Methoden von Rinzai und Soto und die durch diese Methoden unterstützten Erfahrungen? Und was sind die Auswirkungen dieser Methoden? Andererseits, trotz dieser mannigfaltigen Unterschiede, zu welchem Ausmaß bilden die Rinzai- und Soto-Schule dennoch eine Einheit? In diesem und den folgenden Kapiteln wollen wir versuchen, die Unterschiede schärfer darzustellen, und die Gründe für diese Unterschiede und ihre Bedeutung zu verstehen. Das letzte Kapitel wird die zugrundeliegende Gemeinsamkeit dieser gegensätzlichen Zen-Ausprägungen, sowie auch die Einzigartigkeit ihres jeweiligen Beitrages zum buddhistischen Selbstverständnis klären.

Einige einleitende Gegensätzlichkeiten

Rinzai sieht die Zen Praxis hauptsächlich im Sinne des Koan-Zen, der intensiven Konzentration des ganzen Seins auf ein Koan, mit dem Ziel, das Festhalten am Ego, frustrierende Wünsche und Anhaftungen zu durchbrechen und den gewöhnlichen „unterscheidenden Geist“ zutiefst zu verwirren. Soto macht wenig Gebrauch von Koan und legt das Hauptgewicht auf *Zazen* (Sitz-Meditation) oder *Shikantaza* (Nur-Sitzen), wie es im Gegensatz zur Koan-Meditation bezeichnet wird. Hierbei meditiert oder konzentriert man seinen Geist nicht auf etwas, weder auf die buddhistischen Regeln, das Leben des Buddha, das Abbild eines Bodhisattva, Mantras oder Mandalas, geschweige denn auf Koans. Genau wie der chinesische Soto-Meister Ju-Ching es ausdrückte: „Dies ist das einspitzige intensive Sitzen ohne Verbrennen von Räucherstäbchen, Verehrung, Rezitation von *Nembutsu*, Buße tun oder Sutren singen.“[11]

Rinzai legt den Nachdruck auf die falschen und täuschenden Denk- und Seinsweisen, aus denen man erwachen und durch die Kraft der Koan-Konzentration befreit werden muss. Um große spirituelle Schritte zu machen, ist es notwendig, einen tiefgründigen Sinn von Sorge, wenn nicht sogar Verzweiflung in Bezug auf den täuschenden Zustand des Ego, des Verlangens und der Anhaftung zu besitzen oder entwickelt zu haben. Roshi Philip Kapleau, einer der Hauptverfechter des Rinzai Zen in Amerika, schreibt: „Wenn du die Lebensläufe von denjenigen untersuchst, die wahrhaft und tief erwacht sind, wirst du feststellen, dass in fast allen Fällen das Erwachen nach gründlicher Selbstanalyse erfolgte, entweder angetrieben durch zehrende Unzufriedenheit mit dem eigenen Leben oder durch die aus einer traumatisch emotionalen Erfahrung erwachsenen persönlichen Seelenschmerzen."[12] In dieser Weise fährt er fort zu argumentieren, dass es das zentrale Ziel des Zen sei, entweder einen vorher existierenden Zustand der Unruhe zur Spitze zu bringen oder ihn herbeizuführen. „Das formale Zen-Training ist grundsätzlich nichts anderes als der Versuch des Meisters diese intensive Auseinandersetzung, diese Masse des Zweifels anzuregen, wenn sie sich nicht spontan einstellt."[13]

Für Rinzai ist Meditation die tiefgreifendste Befragung, ein wichtiges Dilemma, das durch den unerbittlichen Druck des Koans und der begleitenden Praxis des Schreiens und Schlagens auf schmerzhafte Weise scharf fokussiert wird. Es bedeutet, den tiefsten Zweifel und die Ängste durch ihre Konzentration in einem Koan zu einem Durchbruch zu bringen, in dem ihre gesammelte Energie zu einem Punkt verdichtet wird, so dass die Lösung letztendlich herausbirst - oder das Individuum verrückt wird. D.T. Suzuki beschreibt den Zusammenhang zwischen Koan und Meditation wie folgt: „*Dhyana* oder *Zazen* wird als Mittel zum Erreichen der Lösung eines *Koan* benutzt. Für Zen ist *Dhyana* kein Selbstzweck, da abgesehen von der *Koan* Praxis, die Ausübung des Zazen eine zweitrangige Überlegung ist . . . . *Koan* and *Zazen* sind die zwei Dienerinnen des Zen, das erste ist das Auge und das zweite der Fuß."[14]

Im Soto-Zen jedoch *ist* Zazen ein Selbstzweck, nicht ein Mittel zu einem anderen Zweck. Es ist die Freude über die eigene innewohnende Buddha-Natur. Soto betont das Sitzen innerhalb der eigenen erleuchteten Buddha-Natur, erlaubt diesem ursprünglichen Buddha-Geist hervorzusprudeln und durch alle Bereiche des eigenen Bewusstseins und Lebens zu fließen. Man fängt nicht an, starke Gefühle von falschen oder täuschenden Denk- oder Lebensweisen aufzubauen, sondern man beginnt bei dem positiven Gefühl eines grundsätzlichen Wohlbefindens, das weder erschaffen noch zerstört, weder verloren noch erworben werden kann. Daher sagt Shunryu Suzuki: „Es geschieht nicht, dass wir die Wahrheit erkennen, nachdem wir Zazen praktiziert haben; selbst bevor wir Zazen üben, ist die Erkenntnis vorhanden. Wir erreichen die Erleuchtung nicht, nachdem wir die Wahrheit erkannt haben . . . . Dies ist Bodhidharmas Zazen: Selbst bevor wir noch praktizieren, ist die Erleuchtung vorhanden."[15]

Im Soto ist Zazen auch nur schwerlich der „Fuß" des Zen-Weges, wie D.T. Suzuki vorschlägt, rennend oder gleichförmig hin zur Ziellinie des Buddhismus zu trotten. Zazen ist nicht einmal das Auge des Zen, wie D.T. Suzuki von den Koans behauptet. Es ist die Handlung des Sitzens im Mittelpunkt seines eigenen Daseins und des gesamten Daseins, wo es keine Unterscheidung zwischen Auge und Fuß, Mitteln und Ziel, selbst und anderen gibt. Erneut kommentiert Shunryu Suzuki: „Das Wichtigste ist, alle auf Gewinn ausgerichteten Ideen zu vergessen, alle dualistischen Gedanken . . . . Praktiziere Zazen einfach in einer bestimmten Haltung. Denk nicht an irgendetwas. Bleib einfach auf deinem Kissen ohne irgendetwas zu erwarten. Dann wirst zu letztendlich deine eigene wahre Natur wieder erlangen. Dies heißt, deine eigene wahre Natur erlangt sich selbst zurück."[16]

Für Soto Zen ist das Sitzen in Meditation die höchst natürliche, angenehme, einfache und ursprüngliche Art zu sitzen. Konträr zu einem Kampf auf Leben-und Tod mit einem Koan, welcher darauf abzielt innere Konflikte und Krisen zu einem Siedepunkt zu bringen, oder sie bei offensichtlichem Fehlen zu fördern, sitzt man in der Soto Meditation im ruhigen Vertrauen in die eigene innewohnende Buddha-Natur. Wie ein Kamel in einer Oase inmitten der umgebenden Wüste ruht, sitzt der Soto-

Anhänger im harmonischen Mittelpunkt des individuellen und kollektiven Daseins, wo er durch die Quelle des Bewusstseins erfrischt und erneuert wird.

Während Rinzai über die abrupt umwandelnde Erfahrung eines Satori/Kensho spricht, in dem die falschen Vorstellungen und Täuschungen von Maya/Avidya durchbrochen werden, redet Soto von „nichts Besonderem", von gewöhnlichen Alltagserfahrungen, wobei man sich auf die Quellen der eigenen Buddha-Natur bezieht, welche bereits erleuchtet, schon frei, und in der der Frieden ohnehin zugegen ist. Hingegen tendiert Rinzai dahin, konflikt- und krisenorientiert zu sein, kultiviert den Zweifel und zielt darauf ab, den inneren Feind zu besiegen, um eine radikale Wiederherstellung der Psyche zu erreichen. Im Gegensatz hierzu spricht Soto vom Vertrauen in eine zugrundeliegende Harmonie und Einheit, zu der man eingeladen ist, natürlich, ruhig und gelassen, wie in dem „Ruhepunkt" des eigenen Lebens zu sitzen.

Das Paradoxe des japanischen Zen ist wie ein eigenständiges Koan. Es ist das Koan des Zen selbst. Die Rinzai Lehre und Methode erweckt die Vorstellung einer Art Buddhismus nach dem Zusammenbruch. Sie bieten ein Mittel der Erlösung und dem Entrinnen von den Versuchungen der *Maya* und den Torheiten von *Avidya* im Kern des *Samsara* an. Beim Studium des Koan-Zen unter einem qualifizierten Meister mag man hoffen, zur wahren Natur seines eigenen Dilemmas erleuchtet zu werden und von diesem Dilemma durch die Rettung und Heimkehr zur eigenen Natur und wahren Heimstätte befreit zu werden. Wie gefangen von einem überall vorhandenen Zustand einer ursprünglichen Sünde, ist man dennoch von der vagen Umarmung des ursprünglichen Wesens seines eigenen Daseins ergriffen. „Der Mensch ist unaufhörlich auf der Suche und greift nach Etwas. Warum? Er greift nach der Welt, weil er sich intuitiv nach der Vereinigung mit der Form sehnt, von der er durch Täuschung entfremdet wurde.“[17]

Andererseits besteht Soto auf einem Vertrauen in den Zustand vor dem Entstehen der Dualität, welcher weder eine verlorene Tugend noch eine vergessene Ganzheit ist, sondern eine immer gegenwärtige Wirklichkeit. Diese ursprüngliche Gutherzigkeit ist nicht zerstört noch unwiederbringlich, sondern sie ist die elementare Quelle aller guten Impulse und Handlungen. Es mag beträchtlicher Schmutz und Schutt in der Oase des eigenen Lebens verstreut sein, aber die Quelle ist immer noch vorhanden, das Wasser ist rein, und wenn man den Schöpfeimer des Zazen absinken lässt, wird man klares Wasser aus einem unerschöpflichen, unterirdischen Wasserlauf zutage bringen. „Vor Bodhidharma“, kommentiert Shunryu Suzuki, „dachten die Leute, dass sich nach einer langen Vorbereitungszeit plötzliche Erleuchtung ereignen würde. Diese Zen Praxis war eine Art Training um Erleuchtung zu erlangen.... Aber dies ist nicht das traditionelle Verständnis von Zen – das Verständnis, das von Buddha bis in unsere heutige Zeit überliefert wurde, ist Folgendes: wenn du mit Zazen beginnst, gibt es Erleuchtung, sogar ohne jegliche Vorbereitung... Weil du [Buddha-Natur] besitzt, gibt es die Erleuchtung in deiner Praxis.“[18]

Die Sprache des Rinzai Zen ist die eines Chirurgen. Der Patient ist todkrank und äußerst extreme Maßnahmen sind notwendig, um die heimtückische Wucherung aufzulösen und zu entfernen. Die Krankheit wird in buddhistischen Begriffen verschiedentlich als Ego, Verlangen, Anhaftung, Täuschung und dualistischem Denken beschrieben. Koan-Meditation ist das ideale chirurgische Instrument, diesen Krebs zu entfernen – einen Krebs ferner, der gewöhnlich so verstanden wird, dass er das gesamte Wesen durchwuchert und wahrscheinlich nicht mit irgendwelchen anderen Mitteln behandelt werden kann. So wie Yasutani Roshi es ausdrückte, ist „dieses Ich“ so erfolgreich eingebettet, dass es nicht durch Vernunft entwurzelt werden kann. In der einspitzigen Konzentration auf Mu bist du dir nicht dem „Ich“, das dem „Nicht-Ich“ gegenübersteht, bewusst. Wenn die Vertiefung ohne Unterbrechungen anhält, stirbt die „Ich-heit“ im Unterbewusstsein aus. Plötzlich ‘Plop!‘ – gibt es keine Dualität mehr. Dies direkt zu erfahren, ist Kensho.“[19] Ebenfalls vom Mu Koan sprechend, bezeichnet Philip Kapleau, Yasutanis amerikanischer Schüler, dieses als „ein außergewöhnlich handhabbares Skalpell zur gänzlichen Beseitigung des heimtückischen Wachstums eines „Ich“ und „Nicht-Ich“, das die inhärente Reinheit des Geistes vergiftet und seine fundamentale Ganzheit beeinträchtigt.“[20]

Einmal-geborene, zweimal-geborene Psychologie

Für das Lösen dieser Fragen und Unterschiede scheint William James klassische Unterscheidung zwischen einmal-geborener und zweimal-geborener religiöser Erfahrung einige hilfreiche Einsichten zu geben. Die Unterscheidung gibt es in der Religionspsychologie schon lange, sie ist älter als James, was die Theorie anbelangt und vermutlich tatsächlich so alt wie der Begriff der Religion selbst. Natürlich wurde diese Unterscheidung von James vor allem bei christlichen Beispielen im Westen angewandt. Es scheint auch eine Unterscheidung, des Dualismus und der Abgrenzung zu sein, von dem Zen spricht, ihn überwinden zu wollen. Wenn man gleichwohl die überlieferten religiösen Erfahrungen der Vertreter der zwei Zen-Hauptschulen, die wichtigsten Persönlichkeiten der beiden japanischen Schulen – Dogen (Soto) und Hakuin (Rinzai) – bis zu den heutigen Anhängern betrachtet, scheinen sie außerordentlich „typgerecht“ zu sein. Die jeweiligen Lehren beider Schulen, ihre pädagogischen Methoden und ihre Auslegungen der Meditation und der Erleuchtung stimmen völlig mit den Unterschieden zwischen einer einmal-geborenen und einer zweimal-geborenen religiösen Psychologie überein. Es gab ein gewisses Hin und Her, Übernehmen, und einiges innere Zu- und Abnehmen von Disziplin und Auslegung. Aber im Großen und Ganzen haben die beiden Schulen ihre unterschiedliche Betonung in Japan und im Westen bewahrt und bemühen sich, entsprechende Erfahrungsarten zu fördern.

In seinen Gifford Vorlesungen 1901-02 entwickelte William James eine Typologie der einmal-geborenen und zweimal-geborenen Form einer religiösen Erfahrung und Äußerung. Es war eine Unterscheidung, welche er von Francis Newmans Arbeit *Die Seele, ihr Schmerz und ihre Sehnsucht* (*The Soul, its Sorrows and Aspirations*), die dieser ein halbes Jahrhundert vorher veröffentlicht hatte, übernommen hatte. „Gott hat zwei Familien von Kindern auf dieser Erde“, hatte Newman geschrieben, „die einmal-geborenen und die zweimal-geborenen.“ Die zweimal-geborenen sind diejenigen, welche – im Zusammenhang und in den Kategorien des christlichen Glaubens – ein tiefes Gefühl der Sünde vor einer heiligen und allmächtigen Gottheit haben, wohingegen die einmal-geborenen „Gott nicht als einen strengen Richter, nicht als einen glorreichen Herrscher, sondern als den mit Leben erfüllenden Geist einer wunderbaren, harmonischen Welt ansehen.“[21]

William James versuchte in seinem bahnbrechenden Werk „*Die Vielfalt religiöser Erfahrung*“ (*The Varieties of Religious Ex-*

perience) diese zwei Erfahrungstypen weniger in Lehren und mehr in psychologischen Zusammenhängen zu erforschen. Er richtete seine Aufmerksamkeit auf die Kennzeichen der religiösen Erfahrung und nicht so sehr auf die verschiedenen theologischen Ausdrucksformen, innerhalb derer die Erfahrungen zum Vorschein kamen und von denen sie interpretiert wurden. James hat auch Newmans Unterscheidung durch Bezeichnungen wie „gesunder Geist" oder „kranker Geist", das „harmonische Selbst" und das „geteilte Selbst" wesentlich verfeinert. Diejenigen, die grundsätzlich von guter Gemütsart waren, zufriedene Wesen, optimistisch und die Welt akzeptierend, waren die Einmal-Geborenen. Nicht mit tiefgreifenden, inneren Konflikten belastet und ohne das Erleben eines verzweifelten Bedürfnisses nach Erlösung aus ihrem Zustand, tendieren die Einmal-Geborenen zu einer allmählichen und gewöhnlichen Entwicklung ohne signifikante Traumata, Krisen oder emotionale Extreme. Diejenigen andererseits, die von tiefsitzender Angst, Melancholie, Furcht, Zweifel und Hoffnungslosigkeit befallen waren, oder die durch quälende Dilemma und widerstreitende Impulse entzweigerissen wurden, waren die kranken Seelen oder geteilten Selbst – oder schlimmer, waren beides –, die erwartungsvoll diesem unglücklichen Zustand durch eine befreiende Wiedergeburt und Wiederherstellung der Psyche zu entrinnen suchten.

Obwohl James das Blickfeld der Diskussion um einiges erweiterte, und zu diesem Zweck eine große Anzahl von Fällen zitierte, beschränkte er sich selbst auf die westliche, weitgehend christliche Tradition. Einmal erwähnte James während einer Vorlesung den Buddhismus als Hauptbeispiel einer „Erlösungsreligion" –, das heißt Erlösung aus dem Zustand einer kranken Seele oder eines geteilten Selbst.[22] Aber in seinen Beschreibungen und Analysen der geistig gesunden, einmal-geborenen Erfahrungstypen fiel der Buddhismus in keinem Zusammenhang als unterstützendes Beispiel; nach seiner Ansicht gehörte er ganz zum zweimal-geborenen Typus. Daher bleibt die Frage weiterhin aktuell, ob es im Buddhismus wichtige Belegstellen für beide Typen gibt und speziell, ob James Typologie hilfreich bei der Erläuterung der Unterschiede zwischen Rinzai- und Soto-Zen ist.

Sicherlich haben die Rinzai-Praktizierenden aus der Zeit von Lin-chi (Rinzai, 8. Jahrhundert) bis in die Gegenwart viele der Charakteristiken gezeigt, welche James mit beiden, den kranken Seelen und den geteilten Selbst, assoziierte: Depression, Angst, Todesfurcht, Gefühllosigkeit, Schlaflosigkeit, Verspannung, Konflikt, der Angst des Alleinseins etc.. Durch die intensive Koan-Meditation offenbaren sich weitere Symptome oft selbst: Zweifel, Hoffnungslosigkeit, Verzweiflung, ein Gefühl allein und verlassen zu sein, Todesfurcht (oder die Furcht, nicht sterben zu können). Letztendlich, wenn die Methoden erfolgreich sind, geschieht ein Durchbruch wie eine vulkanische Eruption oder eine Explosion, begleitet von Geschrei und Lachen und gefolgt von einem Gefühl des Sieges über fremde innere Kräfte, einer Befreiung aus einer Inhaftierung und eines grenzenlosen freudvollen Friedens.

All dies sind übliche Erscheinungsbilder in den Aussagen der (meistens christlichen) zweimal-geborenen Fälle, welche James und andere zitiert haben. Aber sie sind auch verbreitete Erscheinungsbilder in den historischen Rinzai Zen Berichten und den Zen Aufzeichnungen, auf die sich die Rinzai Schule stützt. Die Zielvorstellung mag durch Begriffe, die den Zweimal-Geborenen vertraut sind, wie Wiedergeburt, Wiederherstellung, Auferstehung, Revolution und Erweckung charakterisiert sein und sie ist es auch tatsächlich. Ein moderner Zenmeister, Shibayama Zenkei, lehrt, dass es das Ziel des Zen-Trainings ist, dass „das Selbst stirbt", um dann als Selbst ohne Form „wiederbelebt" zu werden.

Von den Tiefen zurückkommend, in welche man durch das Koan eingetaucht war, kann man beginnen, in der Freiheit eines „neuen Menschen" zu leben.[23]

Roshi Philip Kapleau ist dafür ein treffendes Beispiel eines amerikanischen Zeitgenossen. Wie Kapleau zum Zen kam ist recht aufschlussreich für die Anziehungskraft und Bedeutung des Rinzai Zen für einen bestimmten Personentypus und dessen Lebensumstände. Kapleau war ein 46 Jahre alter Geschäftsmann in New York, der von Geschwüren und Allergien heimgesucht wurde und nicht mehr ohne Arzneimittel schlafen konnte. Sein Leben war erbärmlich und sinnlos geworden, und er hatte Selbstmordgedanken. In dieser Situation hatte Kapleau verschiedene Bücher über Zen gelesen und Vorlesungen vom Rinzai Gelehrten D.T. Suzuki besucht. Er hatte einiges intellektuelle Verständnis davon erlangt, um was es beim Zen geht, allerdings blieb es für ihn weitgehend undurchschaubar, und er war von seinem Wissen nicht unmittelbar berührt worden. Jedoch hatte er das Gefühl, dass es ihn in eine scheinbar erfolgversprechende Richtung bringen könnte. Er entschloß sich, nach Japan zu fliegen und unter einem Zenmeister zu studieren, in der Hoffnung das zu erfahren, was die Zen- Geschichten und -Lehren beschrieben. Er gab seinen Beruf auf, verkaufte sein Auto und seine Möbel, und begab sich auf der Suche nach Geistesfrieden und nach dem Sinn seines Daseins nach Japan. Nach fünf Jahren Praxis unter drei Meistern erlangte er schließlich ein Satori, welches seine Anschauung und seelischen Zustand dramatisch veränderte.

Zu Beginn der fünf Jahre seiner Rinzai Praxis hatte er über das Koan Mu meditiert. Eines Nachts fühlten er und der Roshi, dass ein Durchbruch bevorstand. Als der Roshi beim Nachmittagsdokusan begann, mit ihm zu sprechen und sagte: „Das Universum ist eine Einheit. Der Mond der Wahrheit . . .“, erlangte Kapleau Satori. „Auf einmal verschwanden der Roshi, der Raum, jedes einzelne Ding in einem blendenden Strahl von Licht und ich fühlte mich, als ob ich in einer herrlichen, unaussprechlichen Entzückung badete . . . Eine dahineilende Ewigkeit lang war ich allein – Ich allein war da . . . Dann kam der Roshi wieder ins Blickfeld. Unsere Augen begegneten sich und schwammen ineinander und wir brachen in Gelächter aus . . . ‘Ich hab es! Ich weiß! Es gibt nichts, absolut nichts. Ich bin alles und alles ist nichts‘.“[24]

Einige Tage später beschreibt Kapleau das Nachglühen seiner Wiedergeburtserfahrung wie folgt: „Sich frei fühlend wie ein Fisch im Ozean des kühlen, klaren Wassers herumschwimmend, nachdem er in einem Becken voller Kleber steckengeblieben war . . . . und so dankbar (speziell) für das Privileg als menschliches Wesen diese Freude zu erkennen, die wie keine andere ist.“[25]

Soto Anhänger hingegen neigen dazu, diejenigen Eigenschaften, welche James mit den geistig Gesunden, einmal-geborenen Typen assoziiert, zu erleben. Die Einzelperson kommt zum Zen nicht aus dem Gefühl einer Verlorenheit oder inneren Aufruhrs, sondern mit einem Gefühl, das verschiedentlich als Neugier, Wissbegierde, Faszination, Erforschung, Interesse und einem Sinn von Geheimnis, Erwartung und Abenteuer beschrieben wird. Es scheinen Leute zu sein, die offen für neue Welten, nicht leicht einzuschüchtern und emotional stabil sind, und die ihr Leben begeistert leben und sich des Daseins erfreuen. Sie mögen kurze Perioden von Zweifel, Irritation und Unsicherheit in ihrem Leben erfahren haben, aber dies hatte eher äußerliche statt innerliche Ursachen, und sie gewinnen ihr Gleichgewicht und ihre Ausgeglichenheit schnell wieder zurück. Sie fühlen keine tiefgründige Entfremdung, keine innere Zerrissenheit oder Angst – dazu haben sie auch keine Anlässe. Zen Praxis und der Zen Weg vermitteln ihnen ein Gefühl der Natürlichkeit. Wenn es eine tiefgreifende Sensibilität gibt, kommt sie eher aus einem Gefühl des Zuhause-Seins, als des sich Entfremdet oder Verloren Fühlens.

Eine zeitgenössische Soto Meisterin, Charlotte Joko Beck, beschreibt ihre eigene Verwirklichung des Sinns der Zen Praxis ziemlich anders. „Wenn wir praktizieren, sehen wir immer und immer klarer, worum es wirklich geht, wie wir an den Mauern, die wir selbst bauen, festhalten. Zazen ist nicht dazu da, irgendwohin zu gelangen oder etwas zu erreichen; es geht nur darum, einfach anwesend zu sein, jeden Augenblick ganz zu erleben."[26]

Die erklärende Symbolik ist in beiden Zusammenhängen recht aufschlussreich. In den Rinzai Fällen ist die Symbolik eine des Kampfes und Sieges, des Konflikts und der Auflösung, der Unfreiheit und der Befreiung, verloren und gefunden, Verzweiflung und Hochgefühl, Misere und Entzückung. Es gibt eine deutliche Nennung einer Verspannung, Krise, Verletzung, Entfremdung. Im Innern gibt es einen Gegenspieler, der reell konfrontiert, angegriffen und vernichtet werden muss. Die Bilder sind oft sehr militaristisch. Um noch einmal Philip Kapleau zu zitieren: „Dein Feind ist dein diskursives Denken, welches dazu führt, zwischen dir auf der einen Seite einer eingebildeten Grenze und dem, was nicht zu dir gehört auf der anderen nicht existierenden Seite, eine Unterscheidung zu machen. . . Dein Feind ist dein eigenes persönliches Ego. Wenn du aufgehört hast, von dir selbst als einer getrennten Individualität zu denken und die Einheit aller Existenz realisiert hast, dann hast du deinem Ego einen tödlichen Schlag versetzt.“[27]

Im Soto-Zen sind Symbole wie Natürlichkeit, sich zuhause zu fühlen, Harmonie, Stille, Freundlichkeit, Reinheit, Güte, Entwicklung und Förderung vorherrschend. Der Schwerpunkt liegt nicht auf dem Dramatischen und dem Heldenhaften sondern auf dem Alltäglichen. Man beginnt die Zen Praxis weder mit einer Auseinandersetzung oder einem Leiden noch macht man daraus einen Kampf. Die Sprache ist eher musikalisch als militaristisch. In traditionellen chinesischen Begriffen ist Rinzai von seinem Charakter her eher dem Yang (männlich, aktiv, agressiv, kriegerisch) zuzuordnen, während Soto mehr Yin Charakter aufweist (feminin, passiv, ruhig, gleichmütig).

Im Soto beginnt man in dem Vertrauen, dass die eigene Praxis – und das besondere eigene Interesse an der Zen Praxis selbst – aus der eigenen ursprünglichen Wesensnatur geboren wurde, die erleuchtet ist. In diesem Sinne lehrt Meister Obora, ein Abt der Soto Schule aus dem 20. Jahrhundert: „Wenn sich das Leben aus dem Vertrauen heraus manifestiert, ist es ein Leben des Satori. Derjenige, der in den Zustand des Vertrauens eintritt, ist jemand, der wahrlich in den Zustand des Satori eingetreten ist. Er ist erwacht.“[28] Shunryu Suzuki lehrt gleichermaßen: „Du musst nicht verstehen, was ich sage. Du verstehst; du hast vollkommenes Verständnis innerhalb deiner selbst. Es gibt kein Problem.“[29]

Dies soll jetzt nicht die Vorstellung erwecken, dass religiöse oder philosophische Fragen auf psychologische Zustände zurückzuführen sind. Aber psychologische Elemente sind eine wichtige Größenordnung im Gesamtbild. Man kann den Glauben und die Praxis nicht von der Psyche trennen, genauso wenig wie man den Geist vom Körper trennen kann. Die Weltanschauung, mit der Rinzai- und Soto-Meister und ihre Anhänger die besonderen Formen des Zen verfochten haben, zeigt eine solide Erdung in persönlicher Erfahrung. Weiterhin muss man auch die deutliche Betonung im Buddhismus, zweifellos zuerst im Zen, auf der Vorrangigkeit der Erfahrung berücksichtigen. Beide, Rinzai und Soto, befinden sich in vollkommener Übereinstimmung, dass die Wahrheit des Buddhismus vor allem innerlich realisiert und äußerlich gelebt werden muss und das bedeutet, dass auf diesen Gebieten die Wahrheiten erprobt, bewiesen und voll gelebt werden müssen.

KAPITEL II

Noch einmal-geborener Buddhismus: Hakuin

Der ist weise, wer sich zutiefst ängstigt in die Hölle zu fallen. Nur weil die Schrecken der Hölle ihnen so wenig bekannt sind, verspüren die Menschen keinen Wunsch nach den Lehren des Buddha.

Bassui[1]

In den vergangenen dreihundert Jahren war die überragendste Gestalt des japanischen Rinzai Zen Hakuin (1686-1769). Von Lin-chi (Rinzai) im 9. Jahrhundert in China gegründet, begann sich das Rinzai Zen im 13. Jahrhundert in Japan zu entfalten und rühmt sich zu Recht einer langen Reihe bemerkenswerter Meister in beiden Ländern. Hakuin ist weder der einzige auf dem Gipfel noch ist er untypisch. Aber aufgrund der Lebendigkeit und dem dramatischen Charakter seiner religiösen Erfahrungen, seiner beeindruckenden Persönlichkeit, seinen umfangreichen Schriften und seinem schriftstellerischen Talent, war Hakuin seit seiner Zeit bis in die Gegenwart eine dominierende Gestalt im Rinzai Zen. Alle zeitgenössischen Rinzai Meister führen ihre Dharma Linie auf Hakuin, seinem Koan-System, seinen Methoden der Zen Praxis und seinem Verständnis von Satori zurück. Rinzai Zen ist in Japan im Wesentlichen Hakuin Zen.

Die Leben der meisten Zen Mönche und Meister werden gewöhnlich in kurzen und rätselhaften Anekdoten überliefert. So auch das von Kakua, angeblich einer der ersten Japaner, die das Zen in China studierten. Nach seiner Rückkehr aus China wurde er gebeten vor dem Kaiser über seine Erfahrungen und sein Lernen einen Vortrag zu halten; es wird berichtet, dass seine Erläuterung darin bestand, eine Flöte aus den Falten seiner Robe herauszuziehen, einen kurzen Ton anzuspielen, sich zu verneigen und dann hinaus zu gehen.[2] Erfreulicherweise wissen wir über Hakuin mehr. In seinen Schriften hat er detailliert von seiner religiösen Erfahrung berichtet und die Darstellungen seines spirituellen Kampfes sind höchst aufschlussreich über seinen Zencharakter.

Großer Zweifel, Großer Tod, Große Freude

Die erste in Hakuins *Orategama* genannte Erfahrung bietet einen autobiographischen Bericht, der mit den psychischen Odysseen der Zweimal-Geborenen verwandt ist. Als Hakuin sieben oder acht Jahre alt war, war er durch eine Predigt über die acht heißen und acht kalten Höllen, die im buddhistischen Tendai-Text *Mo-ho chih-kuan* beschrieben werden, zutiefst beunruhigt worden. „Die Beschreibung des Priesters war so anschaulich, dass beiden, Mönchen und Laien, kalte Schauer über den Rücken liefen und ihnen die Haare zu Berge standen. Als ich nach Hause zurückkam, machte ich eine Bestandsaufnahme der Taten meines kurzen Lebens und fühlte, dass es nur wenig Hoffnung für mich gab. Ich wusste nicht, welchem Weg ich mich zuwenden sollte, und hatte überall eine Gänsehaut."[3] Insgeheim begann er „Tag und Nacht" Passagen aus dem *Lotus Sutra* zu rezitieren, aber das half ihm nur wenig. Selbst ein heißes Bad und das Knistern des Holzfeuers darunter erinnerten ihn an die Kessel der acht heißen Höllen, so dass er einen durchdringenden Schrei des Schreckens ausstieß, der in der gesamten Nachbarschaft zu hören war.

Hakuin, der leicht zu beeindrucken war, war so verzweifelt, dass er glaubte, seine einzige Hoffnung liege im Mönchsein. Seine Eltern weigerten sich, dieses Vorhaben überhaupt in Erwägung zu ziehen. Der junge Hakuin verbrachte jedoch weiterhin übermäßig viel Zeit zuhause und im Tempel mit dem Studium konfuzianischer Klassiker und dem Rezitieren buddhistischer Sutren. Sein Wunsch, ein Mönch zu werden, wurde größer. So verließ er mit 15 Jahren gegen den Wunsch seiner Eltern sein Elternhaus und widmete sich mit großer Entschlossenheit der klösterlich religiösen Praxis. Dennoch stellte sich das erhoffte Gefühl von Frieden und spirituellem Erfolg nicht ein. Trotz seiner äußerst gezielten Bemühungen schien er nirgendswo hinzugelangen, wurde sehr entmutigt und „in hohem Maße deprimiert".

Er berichtet, dass er im Alter von 16 Jahren von Zweifeln über die buddhistische Lehre und deren Praxis gequält wurde. Mit 19 Jahren, so erinnerte er sich, wuchsen sein tiefer Zweifel und die damit verbundene Ernüchterung weiter an. Das rührte von einem Bericht, den er in einem Zentext von Meister Yen-t'ou gelesen hatte. Dieser hatte laut aufgeschrien, als er von Räubern angegriffen und getötet worden war, das schien weit entfernt zu sein von dem Frieden und der Ruhe der Erleuchtung, die verheißen waren.

„Welcher Nutzen lag im Studium von Zen?", fragte sich Hakuin. „Wie wurde ich vom Buddhismus hinters Licht geführt!

Ich bedauere, dass ich mich von den Banden dieser befremdenden und üblen Männer fesseln ließ... Ich fühlte mich so elend, dass ich für drei Tage nichts essen konnte und mein Vertrauen in den Buddhismus für eine lange Zeit gänzlich verlor. Die Buddhastatuen und heiligen Schriften erschienen mir wie Schmutz und Dreck."[4]

Dieser Zustand Hakuins zeigt genau den Aufruhr, den der amerikanische Psychologe William James als *Seelen-Krankheit* mit den Symptomen von Niedergeschlagenheit, Furcht, Grauen, Depression, Angst, Schuld, Seelenqual und Verzweiflung beschrieb.[5] All dies hat Hakuin offensichtlich empfunden. Darüber hinaus zeigte er auch die Merkmale, die James *geteiltes Selbst* nannte. In diesem Zustand erfährt das Individuum einen tiefgreifenden inneren Konflikt: Einerseits fühlt es sich elend sündig und Leiden verdienend, andererseits besessen von einem heiligen Wunsch rechtschaffen zu sein. Eifrige religiöse Bemühungen werden vermengt mit verzweifelten Gefühlen der Verlorenheit, Dunkelheit, Unfreiheit und Zweifel und zugleich von ihnen sabotiert. Es gibt da oft eine schwere Last der Schuld, jedoch für Angelegenheiten, die anderen normal, gering oder sogar unbedeutend erscheinen.[6] Hakuin zum Beispiel erinnerte sich, von schlechtem Gewissen geplagt worden zu sein, weil er die „schreckliche Sünde" des Tötens von kleinen Vögeln und Insekten begangen hatte. Dieser Zustand ist häufig von einem Gefühl der Qual begleitet, oder davon, dass man erwartet, dafür büßen zu müssen. Nichts außer einer radikalen Umwandlung in der Tiefe des eigenen Wesens scheint eine Aussicht auf Erlösung aus solch einem verderbten Zustand anzubieten.

Für Hakuin ließ die Umwandlung und die Befreiung noch einige Zeit auf sich warten. Sein erstes Erwachen erfuhr er nicht vor seinem 22. Lebensjahr, als er einem Zen-Vortrag zuhörte.

Später wiederfuhr ihm ein etwas tieferes Erwachen, als er eine buddhistische Schrift las. Diese Erfahrungen jedoch werden nicht weiter beschrieben und scheinen vorausgehende Rührungen zu sein, genau wie Erschütterungen im Voraus eines großen Vulkanausbruchs. Ihnen wird keine revolutionäre Signifikanz zugeordnet. Hakuin berichtet, dass er dann „Tag und Nacht . . . . ohne einen Augenblick Pause" mit der Konzentration auf das *Mu*-Koan begann und dennoch tief über seine Unfähigkeit enttäuscht war, eine standhafte Konzentration auf *Mu* aufrechtzuerhalten.

Diese Situation – im besten Falle eine zweischneidige – dauerte an, bis sie einen Punkt erreichte, den Hakuin später als den „Großen Zweifel" beschrieb und ihn zu einer der äußeren Voraussetzungen der Erleuchtung machte. Er war damals 24 Jahre alt. Er schreibt:„[Ich] verfolgte meine anstrengenden Studien. Tag und Nacht fand ich keinen Schlaf; ich vergaß beides, zu essen und mich auszuruhen. Plötzlich stand ich einem großen Zweifel gegenüber. Es war gerade, als wäre ich in der Mitte einer Eisfläche, die sich tausende um tausende von Kilometern weit ausdehnt, festgefroren . . . Ich war in jeder Hinsicht außerhalb meines Geistes und allein Mu verblieb darin. Obwohl ich in der Vortragshalle saß und dem Vortrag des Meisters folgte, war es, als ob ich eine Diskussion von weiter Ferne außerhalb der Halle hörte. Zeitweise fühlte ich mich, als würde ich durch die Luft gleiten."[7]

Nach einigen Tagen in diesem Zustand, welchen er später auch als „Großen Tod" (daishi) bezeichnete und ihn als das Sterben des Ego und der Täuschung interpretierte, erzählte er, wie er „zufällig den Ton der Tempelglocke hörte . . . . und plötzlich verwandelt war. Es war, als wenn eine Eisfläche zertrümmert worden oder ein Jadeturm mit einem Krach zusammengefallen wäre. Plötzlich kam ich wieder zu mir . . . All meine früheren Zweifel lösten sich auf, als wäre das Eis geschmolzen. Mit lauter Stimme rief ich: 'Herrlich! Herrlich!'."[8]

Dieser Erleuchtungserfahrung gab Hakuin die Bezeichnung der „Großen Freude" (*daikangi*). Die Erfahrung ist später beschrieben als das „freudige Entzücken beim siegreichen Aufschrei 'Ka!' [in demjenigen, der] die Wurzelkraft des Lebens abgeschnitten hat – den Geist der Täuschung, der unzählige Lebenszeiten da war."[9] Um diese Höhen der „Großen Freude" zu erreichen, war es notwendig in die Tiefen des „Großen Zweifels" zu fallen. Tatsächlich behauptete Hakuin, dass die Intensität der Freude und der Grad des Verstehens direkt proportional zur Intensität des Zweifels und dem Maß der ihnen vorausgehenden Selbstaufgabe stehe. „Wenn dein Zweifel zehn Maßeinheiten ausmacht, wird auch deine Erleuchtung so sein."[10] Oder „zuunterst des großen Zweifels liegt großes Erwachen. Wenn du völlig zweifelst, wirst du vollkommen erwachen."[11] Im Zweifel sinkt man sozusagen in die tiefste Grube der Dunkelheit und Verzweiflung und beginnt die Tiefe der Lage, in die man gefallen ist, zu realisieren, wie der verlorene Sohn, der sich zwischen den Schweinen Reisspreu essend wiederfindet. Man beachte die bemerkenswert ähnliche Äußerung von William James: „Die verzückte Art der Freude, welche die Zweimal-Geborenen schildern, ist historisch gesehen tatsächlich durch einen umso größeren Pessimismus verursacht, als den, den wir damit überhaupt in Zusammenhang bringen würden."[12]

Hakuin gebraucht auch die zweimal-geborene Symbolik von Tod-und-Wiedergeburt. Im buddhistischen Kontext wird Tod-und-Wiedergeburt eher wortgetreu als Wiedergeburt nach dem Tod in einer reinkarnierten Form oder im himmlischen Paradies von Amida Buddhas Reinem Land verstanden. Für Hakuin beschreibt Tod-und-Wiedergeburt das Satori-Ereignis. Das Selbst und die Begierden sterben; frühere Anhaftungen werden abgeschnitten; alte Täuschungen sind vernichtet und man ist zu neuem Leben wiedergeboren worden, dem Leben eines Buddha. „Wenn du Übereinstimmung mit dem wahren, reinen Nicht-Ich wünschst, musst du darauf vorbereitet sein, deinen Halt loszulassen, während du am Abgrund einer Klippe hängst, um zu sterben und wieder zum Leben zurückzukommen. . . . Wenn du dann plötzlich wieder zum Leben zurückkehrst, gibt es diese große Freude von einem, der für sich selbst weiß, ob es heiß oder kalt ist. Dies ist bekannt als das Erblicken seiner eigenen Natur."[13] Nur derjenige, der den Großen Zweifel und Großen Tod erfahren hat, kann die Große Freude der neuen Geburt erleben: *daigi, daishi, daikangi.*

Wiedergeburt durch die Kraft eines anderen oder aus eigener Kraft

Dies bedeutet nicht, dass Hakuin eine Art „Erlösung durch Gnade" befürwortet, eine göttliche Rettung schiffbrüchiger und ertrinkender Sterblicher. Das andere große japanische Beispiel einer zweimal-geborenen religiösen Erfahrung ist sicherlich das von Shinran (13. Jahrhundert). Er war nach vielen Jahren der Suche und Unzufriedenheit zum Reinen Land Buddhismus konvertiert und repräsentiert den Typ der zweimal-geborenen Erfahrung, welche im Christentum, in dem die spirituelle Wiedergeburt als Ergebnis des Eingreifens einer rettenden Kraft und Einsicht betrachtet wird, einer Kraft die von *außen* zugeschrieben wird. Hakuin andererseits verstand sein revolutionäres Erlebnis als von *innen* hervorbrechend, eine plötzliche Behauptung seiner innersten Selbstnatur.

Im Japanischen werden diese Typen allgemein mit den Begriffen *tariki* (Andere-Kraft) und *jiriki* (Selbst-Kraft) beschrieben. Hakuin ist eindeutig ein extremes Beispiel des *jiriki* -Verständnisses seines Erlebens, wie Shinran eines des *tariki*-Verständnisses ist. Shinran sah seine Jahre der spirituellen Sinnsuche als Zeugnis der Degeneration einer Zeit an, in welcher Erleuchtung und sogar gute und Anerkennung verdienende Taten, die zu einer günstigen Wiedergeburt führen sollten, unmöglich waren. Die einzige eigene Hoffnung bestand in dem Vertrauen zur Güte von Amida Buddha, der im Tode alle Gläubigen zu seinem Westlichen Paradies bringt. Aus seinem unbegrenzten Mitgefühl heraus würde er alle retten, die seinen Namen von diesem üblen Land (*edo*) aus rufen und sie zu seinem Reinen Land (*jodo*) tragen.

Hakuins dramatisches Erlebnis der Befreiung, Freude und des Friedens wurde in entgegengesetzer Weise als ein Hervorbrechen der im Innern liegenden Buddha-Natur interpretiert (deshalb *jiriki*, Selbst-Kraft). Er weist das Bild eines mitfühlenden Buddha oder der Wiedergeburt in einem Reinen Land nicht gänzlich von der Hand, aber entmythologisiert es stattdessen. Für Hakuin bedeutet der wahre Sinn einer Wiedergeburt im Reinen Land, aus der Reinheit „unserer eigenen wahren und ursprünglichen Selbst-Natur, die sich in direkter Unmittelbarkeit präsentiert, wiedergeboren zu werden."[14] Oder nochmals, die Reinen Land Buddhisten verstehen nicht, „dass ‚der Westen' ihre eigenen noch nicht erreichten Geistes-Wurzeln bedeutet."[15]

Entgegen denjenigen, die behaupten, dass man in diesem schlimmen Alter des degenerierten Buddhismus gar nicht länger die notwendigen Bemühungen, sich zu einer Erleuchtung hin zu bewegen, auf sich nehmen kann und auf die Hilfe des Amida Buddha vertrauen muss, benutzt Hakuin das Gleichnis vom wohlhabenden Bauern und seinem Sohn. Der Sohn, der schwach und faul ist, beschwert sich, dass es unmöglich ist, den Mühen und Errungenschaften der Vorfahren gleichzukommen: die Leute haben nicht mehr das Durchhaltevermögen, und das Unkraut und die Arbeit scheinen kein Ende zu nehmen. Es gibt jedoch einen Großen Gebieter in einer anderen Provinz, der Reichtum in Hülle und Fülle und Speicher voller Getreide hat, und der darüber hinaus auch noch außerordentlich großzügig ist. Der faule Sohn schlägt vor, ärmliche Bauernkleider anzulegen und einen demütigen Anschein zu erwecken und sich ganz dessen Barmherzigkeit anzuvertrauen. Er glaubt, dass der gütige Herrscher aus seinem Mitgefühl und Überfluss heraus für deren Bedürfnisse aufkommen wird und sie sich nie wieder zu plagen brauchen. Darauf folgen die anderen Söhne seinem Ratschlag, verlassen die Felder ihres Vaters und rufen den Großen Gebieter an. Mit dem Ergebnis, dass sie für den Rest ihrer Leben verarmen, obwohl sie sich am Reichtum und dem Lohn ihrer eigenen Anstrengungen hätten erfreuen können. Doch jetzt sind ihre Felder überwuchert von Unkraut und sie selbst sind untätig und von der Fürsorge und den Errungenschaften eines anderen abhängig.[16]

Hakuin leugnete nicht gänzlich den Wert des Denkansatzes dieser „Anderen-Kraft", sah sie aber als einen niedrigeren Weg an, gedacht für einfachere Gemüter: für diejenigen, die schwach, mittelmäßig, träge, unfähig oder feige waren – um einige der Adjektive zu nennen, die Hakuin unverblümt und anschaulich verwendete. Das Koan-Zen war für heroische Typen, überdurchschnittliche Individuen, die beherrscht von großer geistiger Kraft und Begeisterung waren, fest entschlossen die Erleuchtung zu erreichen. In einem Schreiben über die jeweiligen Verdienste der Koan-Praxis und dem Rezitieren des *Nembutsu* (welches gemäß der Shinran-Tradition schon bei einmaligem Ausrufen im Vertrauen auf die rettende Kraft des Amida Buddha wirksam wird), bemerkt Hakuin in gezielter Art und Weise: „Im Zen ist es, als würden sich Giganten gegenüberstehen, wobei der Größte den Sieg davonträgt. In der Reinen Land Schule verhält es sich, als wären Zwerge zum Kampf aufgestellt, und der Sieg ginge an den kleinsten."[17]

Was die Rezitation des *Nembutsu* betrifft, räumt Hakuin dieser Praxis einigen psychologischen Wert ein, aber nicht die Wertigkeit, die ihm in den Lehren der Reinen Land Schule verliehen werden. Sie mag als ein Weg der Konzentration des Geistes funktionieren, der Abwendung vom Ego-Bewusstsein und dem Heraustreten aus dem dualistischen Geist. Gleichwohl spöttelt er: „Die Anrufung Buddhas Namen ist in Ordnung, aber du könntest genauso gut das Lied des Reis-Mahlens rezitieren."[18] Es besteht auch die Gefahr, dass sich die Betonung auf das Vertrauen auf die Errettung durch Amida Buddha in die entgegengesetzte Richtung vom Großen Zweifel wendet, welcher ein wesentlicher Auftakt zur Erleuchtung ist. Hakuin spricht häufig von der Notwendigkeit einen „Klumpen des Zweifels" (*gidan*) zu entwickeln, der wie ein großer Knoten in der Vertiefung des Bauches fest verankert ist. „Das Koan Mu lässt diesen Klumpen des Zweifels leicht entstehen, während die Rezitation des Buddha Namens es sehr schwer macht, ihn voran zu bringen."[19]

Hakuin spielt mit ähnlicher Kritik auf die Nichiren Schule und deren Verfechtung einer Errettung durch die Rezitation des Lotus Sutras, (*namu*) *Myoho renge kyo*, an. Wie auch *Nembutsu*, wenn es unaufhörlich rezitiert und andererseits im Geist präsent gehalten wird – in ähnlicher Art, wie Hakuins fortwährende Meditation über ein Koan – könnte dies eine akzeptable Übung werden, obwohl ihm die Kraft fehle, die durch den paradoxen Charakter eines Koans erzeugt wird. „Sollte eine Person wünschen, an diesem *Sutra* festzuhalten, muss sie über all die Stunden des Tages hinweg und ohne den geringsten Zweifel im Geist die effektive Praxis der wahren Meditation auf die Gesamtheit der Formen ausführen, ohne an gut oder schlecht zu denken."[20] Der Gegenstand dieser Rezitation – wie er aus Respekt zu Amida Buddha darlegt – ist jedoch keine Andere-Kraft außerhalb des Selbst. „Auf was wird hingedeutet, wenn wir vom Wahren Gesicht des Lotus reden? Es ist das wundersame Gesetz des Einen Geistes, mit dem du selbst von Beginn an ausgestattet bist. Es ist nichts anderes, als in deinen eigenen Geist zu schauen [Kensho]."[21]

Das Schlachtfeld des Geistes

Ekstatische Erlebnisse charakterisierten viele Jahre weiterhin Hakuins Zenleben und ließen in ihm die Überzeugung reifen, dass es nicht nur eine einzige Erleuchtung, sondern eine Reihe von möglichen Erleuchtungen gibt – wie man beim Bergbau im Steinbruch auch nicht alle ineinander verkeilten Gesteinsschichten mit nur einer Detonation auseinanderbricht, oder wenn man zum Licht erwacht, beim ersten Augenöffnen auch alles noch nicht völlig klar sieht. Tatsächlich war sein erstes Satori so ekstatisch, dass sein Ego mit größerer Stärke als zuvor zurückkehrte. „Mein Stolz erhob sich wie ein majestätischer Berg, meine Arroganz brandete voran wie die Gezeiten. Eingebildet dachte ich bei mir: ‚In den letzten zwei oder dreihundert Jahren hat niemand so einen fantastischen Durchbruch wie diesen erzielt'."[22] Voll Zuversicht über seine Errungenschaft suchte er dann Meister Shoju auf, um ihm seine glorreiche Erleuchtung zu schildern. Shoju war davon nicht beeindruckt und nachdem er ihn mit einem Koan getestet hatte, verdrehte er ihm die Nase und sagte: „Du armer löcherbohrender Teufel! Glaubst du wirklich, dass du ausreichendes Verständnis besitzt?"[23] Nach diesem Vorfall berichtet Hakuin, dass „fast jedes Mal, wenn er den Meister sah, der Meister ihn einen ‚armen löcherbohrenden Teufel' nannte'."[24]

Spätere Treffen zwischen Shoju und Hakuin beinhalteten die gleiche mündliche und körperliche Misshandlung, welche die dramatische und manchmal brutale Herangehensweise des Rinzai Zen kennzeichnet. Als Hakuin einmal einen Zen Vers überbrachte, den er verfasst hatte, um sein Verständnis zu demonstrieren, verunglimpfte Shoju die Worte als „Wahnvorstellungen und Einbildungen", und als Hakuin ihm gleichermaßen antwortete, gab ihm Shoju „zwanzig oder dreißig Schläge mit seiner Faust." Shoju stieß ihn dann von der Veranda, wo er „schwer atmend und fast bewusstlos wie Tod im Matsch ausgestreckt da lag." Nachdem er wieder zu Bewusstsein gekommen war, erhob er sich und verneigte sich vor dem Meister, aber erneut schrie ihn Shoju laut an: „Du armer löcherbohrender Teufel!"

Vollständig zurückgewiesen und verwirrt intensivierte Hakuin seine Koan Meditation, „keine Pausen für Schlafen oder Essen einlegend". Als er meinte, er hätte eine weitere Erleuchtung erhalten, ging er wiederum zu Shoju, um seine Erkenntnis zu testen und Bestätigung zu erhalten. Wieder wies Shoju ihn zurück und nannte ihn einen „armen löcherbohrenden Teufel". Dann eines Tages als Hakuin in die Stadt gegangen war, um um Nahrung zu betteln, brachte ihn ein Verrückter aus der Fassung, der mit einem Besen nach ihm schlug. Plötzlich verstand Hakuin das Koan, mit dem er gearbeitet hatte, und auch verschiedene andere, die ihm Schwierigkeiten bereitet hatten. Als er dieses Mal sein Verständnis dem Meister berichtete, bestätigte Shoju ihn weder, noch wies er ihn zurück, sondern lachte in einer umgänglichen Art und hörte auf, ihn einen „armen löcherbohrenden Teufel" zu nennen.

Nach dieser Zeit berichtet Hakuin eine Vielzahl von Erleuchtungserlebnissen. Einmal las er in einer anekdotenhaften Aufzeichnung und „war überwältigt von einer großen Freude, als wenn ein dunkler Pfad plötzlich erleuchtet worden wäre." Ein anderes Mal erlangt er Erleuchtung durch „das Geräusch des fallenden Schnees." Einmal übte er die Geh-Meditation und wurde dabei „von einer großen Woge der Freude überwältigt", als er „plötzlich eine Erleuchtung hatte, die größer war als alles, was er bisher erlebt hatte." Einer von Hakuins sehr anschaulichen Berichten handelt von seiner Erleuchtung während eines heftigen Regens:

> Eines Tages als ich das südliche Ise durchwanderte, kam ich in einen Platzregen. Die Wassermassen reichten bis an meine Knie. Plötzlich erlangte ich ein sogar noch tieferes Verständnis des Gedichts über die Rundheit eines Lotusblattes von Ta-hui. Ich war nicht fähig, die Freude zu beherrschen. Ich verlor die Kontrolle über meinen Körper, fiel kopfüber ins Wasser und vergaß vollkommen wieder aufzustehen. Meine Päckchen und Kleidung

> waren durchnässt. Glücklicherweise sah ein Reisender mein Dilemma und half mir aufzustehen. Ich brüllte vor Lachen und jeder dort dachte, ich wäre verrückt.[25]

All dies war jedoch keine Abfolge von spirituellen Höhepunkten und unsäglichem Freudentaumel. Nach seinem ersten Satori – trotz der Behauptung, dass „all meine Zweifel bis zu ihren Wurzeln dahinschwanden", dass „ die uralte Karmawurzel von Leben und Tod gänzlich ausgelöscht worden war" und dass er „einige Monate verloren in tanzender Freude" verbrachte – landete er doch von diesem Höhenflug in einem Zustand von Zweifel und Angst. „Ich betrachtete mein Leben [und sah, dass] Aktivität und Stille ganz und gar nicht in Einklang waren; ich fand, dass ich nicht frei davon war, eine Sache zu tun oder sie zu lassen."[26] Wieder entschloss er sich, sich innbrünstig und schonungslos in die religiöse Übung zu stürzen, mit dem Ergebnis, dass er letztendlich krank wurde und sich in einem schlimmeren physischen und mentalen Zustand als vorher befand.

> Die Zähne zusammengebissen und die Augen glasig strebte ich danach, mich von Nahrung und Schlaf zu befreien. Bevor noch ein Monat verging, stieg mir das Herzensfeuer in den Kopf und meine Lungen brannten, aber meine Beine fühlen sich an, als würden sie in Eis und Schnee erfrieren. In meinen Ohren war ein stürmendes Geräusch wie das eines Flusses im Tal. Mein Mut

> sank und ich lebte in dauernder Angst. Ich fühlte mich spirituell erschöpft, sah Tag und Nacht Träume, meine Achseln immer von Schweiß naß und meine Augen voller Tränen. Ich suchte in jeder Richtung, konsultierte berühmte Lehrer und Ärzte, aber all ihre Ratschläge nutzten nichts.[27]

Bereits im Alter von 29 Jahren erlebte Hakuin einen Nervenzusammenbruch, die sogenannte „Zen-Krankheit", die im Zusammenhang mit einer drastischen und manchmal traumatischen Rinzai Disziplin nicht ungewöhnlich ist. In Hakuins Fall kam die Krankheit nicht überraschend angesichts seiner Lebensgeschichte und den Extremen der Praxis und den Gefühlen, von denen er bestimmt war. Es scheint sicherlich einen abrupten Stimmungsumschwung von einem manischen Zustand nach seinem ersten Satori zu einem depressiven Zustand gegeben zu haben, in dem er sich zuvor befunden hatte.

Interessanterweise suchte oder fand er zu diesem Zeitpunkt seines Lebens die Heilung für seinen mentalen Ausnahmezustand nicht im Zen, sondern eher im Taoismus. Verzweifelt nach Hilfe suchend, verließ Hakuin seine Zen Praxis für eine Weile und reiste zur Höhle eines taoistischen Einsiedlers, Hakuyu, der in den Bergen nördlich von Kyoto lebte. Angeblich 200 Jahre alt, war der Einsiedler für seine Kenntnis der taoistischen Medizin und Heilkunst bekannt. Der alte Eremit verordnete diverse Methoden, Hakuins Zustand zu heilen, einschließlich der häufigen Rezitation einer bestimmten taoistischen Formel und eine Art Selbstbeobachtung, die als *Naikan* bekannt war. Nach drei Jahren Behandlung erlangte

Hakuin seine Gesundheit zurück und kehrte jetzt mit zweiunddreißig Jahren in seine Geburtsstadt Hara zurück, um dort im Tempel Shoin-ji zu leben.

So lebte Hakuin wieder in einer Rinzai Gemeinschaft. Er nahm seine Koan-Meditation erneut auf und strebte nach weiteren Satori. Ein Satori im Rinzai wird nicht als eine ein für alle Mal erfolgte, totale oder abschließende Erfahrung angesehen. Es ist ein Moment in einem Prozess, bei dem sich das eigene Verständnis mehr und mehr vertieft und erweitert. Man kann den buddhistischen Dharma mit einem großartigen Kunstwerk vergleichen, das auf den ersten Blick niemals ganz gesehen und in seinem Wert erkannt werden kann. Es ist eher so, dass man immer wieder etwas Neues darin findet und entdecken kann. Oder um einen gänzlich anderen Vergleich zu gebrauchen, der die Lage eines Suchers des Dharma beschreibt: Man könnte einen Rinzai Anhänger auch mit einem Todkranken vergleichen, der an vielen Krankheiten leidet. Seine Genesung wird nicht nur lange dauern, sondern es werden auch viele Arzneien, Therapien und Heilbehandlungen nötig sein.

Hakuin zitiert seinen eigenen Meister Shoju, der sagte, dass er 35 Jahre nach seinem ersten Erwachen den Zustand erreicht hatte, in dem er in einer klaren Weise meditieren konnte. Hakuin nennt in seiner *Yasenkanna* auch den Fall des chinesischen Meisters Ta-hui, der achtzehn große Satoris zusammen mit unzähligen geringeren erfahren hatte. Dies wurde für Hakuin durch seine eigene Erfahrung von vielen Erwachen weiter bestätigt. Daher war es nach einem Anfangserwachen äußerst wichtig, mit der Koan-Praxis unbarmherzig weiterzumachen, um zu einer noch tiefgreifenderen Einsicht zu gelangen. Hakuin und seine Nachfolger organisierten und systematisierten diesen Prozess mit dem Einsatz einer Serie von Koans, die man bestehen muss, um dann zum nächsten weitergehen zu können. Nachdem der Meister das eigene Anfangserwachen bestätigt hat, folgt eine Zeitlang die Meditation über das Anfangskoan „Mu“ oder das „Geräusch beim Klatschen einer Hand“, dann wird einem das nächste Koan zugeteilt, etc.. In seiner ausgesprochen förmlichen Weise unterscheidet sich der Rinzai-Zugang nicht sehr von dem zweimal-geborenen Zugang im christlichen Glauben, wo man nach einer anfänglichen Erfahrung der Bekehrung und „Rechtfertigung“ den Prozess der Vertiefung des eigenen Verständnisses und eine Weihung des eigenen Lebens durch Gebet, Bibelstudium, Hingabe und regelmäßiger Wiedererweckung fortzuführen hat.

Die Satori-Erlebnisse, die Hakuin zustießen, lösten Erkenntnisse aus, die nicht allein die Koans, sondern die buddhistischen Lehren betrafen. Eins der Sutren, das ihm in seiner Jugend Schwierigkeiten bereitet hatte, war das *Lotus Sutra* gewesen. Einige Zeit nach den eingangs erwähnten Erfahrungen, las er es erneut: „Plötzlich drang ich zur vollkommenen, wahren und endgültigen Bedeutung des Lotus durch. Die Zweifel, die ich zunächst hatte, waren zerstört und mir wurde bewusst, dass mein bis dahin erworbenes Verständnis in hohem Maße ein Irrtum war. Ohne zu merken, gab ich einen großen Schrei von mir und brach in Tränen aus.“[28] Aus diesem neuen Verständnis des Lotus Sutra heraus, erlaubte er es sich, die Nichiren-sho-shu Schule für ihr „leeres Absingen“ des Sutra-Titels zu kritisieren.

Es ist tatsächlich recht offensichtlich, dass die Klarheit von Hakuins Zen Erfahrung, ihre unmittelbare nicht von der Hand zu weisende Überzeugungskraft, die im Gegensatz zu früheren Zuständen des Zweifels, der Furcht, der Angst und Depression stand, ihm ein nicht zu erschütterndes Selbstbewusstsein gegeben hatten. Die Kühnheit seiner Schriften, die Standfestigkeit seines Charakters, die Strenge seiner Disziplin und sein bedingungsloses Eintreten für seine Überzeugung, geben Zeugnis von den überwältigenden Erkenntnissen, deren Einsichten für ihn offensichtlich und sich selbstbestätigende Durchbrüche der „vollkommenen, wahren und endgültigen Bedeutung“ der Dinge waren. Und die lebendige Klarheit dieser Erfahrungen überzeugte und inspirierte diejenigen, die mit solch einem charismatischen Meister in Kontakt kamen.

Die zweimal-geborene Biographie

Eines der Kennzeichen von Biographien der Zweimal-Geborenen ist, dass es gute Geschichten sind – was auch der Grund dafür ist, dass sie scheinbar in der religiösen Literatur häufiger vertreten sind. Im Unterschied zu den eher „normalen“ Autobiographien der Einmal-Geborenen – wenn überhaupt über sie berichtet wird – bringen sie eine „gute Presse“ ein. Es gibt dramatische Konflikte, übermenschliche Herausforderungen, überschäumende Leidenschaften, emotionale Extreme, krasse Gegensätze und heldenhafte Kämpfe. Es müssen gewaltige Versuchungen überwunden werden, turbulente Leidenswege durchschritten und beeindruckende Höhen erklommen werden, außerdem gibt es schreckliche Abgründe, in die man hineinfallen kann. Außersinnliche Wahrnehmungen, übernatürliche Visionen, ekstatische Verzückungen, Träume und Fantasien sind der Stoff, aus dem zweimal-geborene Geschichten sind. Ob in mythologischer, legendenhafter oder biographischer Form, solche Odysseen dominieren fast vollkommen die religiösen Traditionen, deren Aufgabe es ist, sie nachzuerzählen und immer wieder darzustellen, damit wir unser eigenes Dasein nach ihrem Beispiel ausrichten mögen. Die moderne psychologische und existenzielle Literatur hat sich ebenfalls eher auf extreme und ungewöhnliche innere Verirrungen konzentriert, als auf normale und weniger interessante Fälle.

Hakuins Biographie ist nicht atypisch für Biographien bekannter Rinzai Meister aus beiden Ländern China und Japan, allerdings ist sein Bericht wesentlich detaillierter und überschäumender. Das Leben eines des ersten bekannten Meister der japanischen Rinzai Tradition, Bassui Tokusho (1327-1387) liest sich zum Beispiel ähnlich. Wie sein Schüler und zugleich Biograf Myodo berichtet, hatte Bassuis Mutter während ihrer Schwangerschaft die Vision, dass ihr Kind von einem bösen Geist besessen sei, sich gegen sie wenden und seine Eltern umbringen würde. Nach der Geburt setzte ihn seine Mutter auf einem Feld aus, ein Diener rettete ihn jedoch und zog ihn heimlich auf. Schon als Kind war der elternlose Bassui empfindsam und zugleich neugierig, doch voller Achtung vor der Religion. Vor allem machte er sich Gedanken darüber, ob die Seele existiere und ob es die Qualen der Hölle gebe. Ab dem Alter von 7 Jahren beschäftigte er sich fast nur noch damit und war voller Angst und Furcht. Mit zehn Jahren wachte er des Öfteren durch plötzliche, grelle Lichtblitze, die er in seinem Zimmer sah, auf, denen das Gefühl folgte als wäre er eingehüllt in eine undurchdringliche Dunkelheit. Für Stunden saß er dann wie benebelt, durchbohrt von der Frage – welche er später als Koan formulierte – „Was in mir ist es, das genau jetzt sieht und hört?“ Nach Jahren der Suche erfuhr er schließlich unter der Führung eines Zen Meisters eine tiefgreifende Umwandlung, die ihn zunächst für Stunden weinen ließ, als wären all seine früheren Sorgen zusammen mit seinen Tränen herausgeflossen. Sein Biograph schrieb, er wäre wie „ein Fass gewesen, dessen Boden aufgeschlagen worden war."

Man kann ähnliche Elemente in den Geschichten lesen, die Hakuin auf seiner Suche inspirierten, oder die er als nachahmenswerte Beispiele für seine Mönche benutzte. Während seiner eigenen frühen Suche war er von der Geschichte des Ch'an Meister Sekiso Soen (Shih- shuang Ch'u-yuan) tief bewegt, der stundenlang meditierte, wobei er eine scharfe Ahle neben sich legte, die in sein Fleisch einstechen sollte, falls er zu dösen anfangen würde. Seinen Mönchen hielt Hakuin das Beispiel von Gudo vor, der „an einem brütend heißen Tag in einen Bambushain ging und dort ohne seinen Körper mit einem Stück Stoff zu bedecken, meditierte. In der Nacht umschwirrten ihn große Schwärme von Moskitos und stachen ihn überall. Gegen den unerträglichen Juckreiz kämpfend, knirschte er mit den Zähnen, ballte die Fäuste und saß einfach, was natürlich vollkommen verrückt ist. Mehrere Male verlor er fast das Bewusstsein, erfuhr dann aber ganz unerwartet großes Erwachen."[29]

Hakuin führt auch das Beispiel des Buddha an, der während seiner sechsjährigen Suche nach wahrem Verstehen bis auf Haut und Knochen abmagerte und dabei fast gestorben wäre; oder er erinnert an den zweiten Ch'an Vorfahren Hui-k'o, der, so wird berichtet, seinen Unterarm abschnitt, um seine äußerste Entschlossenheit zu demonstrieren, Geistesfrieden zu finden. Hakuins eigener Meister Shoji erzählte gerne die Geschichte, wie er sieben Nächte auf dem Friedhof meditierte, während ein Wolfsrudel die Gegend in Angst und Schrecken versetzte. Er wollte damit, so berichtete er, testen, ob er seine Konzentration aufrecht erhalten könnte, auch wenn die Wölfe um ihn herumstrichen und an seinen Ohren und seiner Kehle schnüffelten.

Diese scheinbar fanatische Schonungslosigkeit liegt eindeutig in der Tradition von Mumon, einem der ersten chinesischen Verfechter der Koan-Praxis und Autor der weithin verwendeten Koan Sammlung, dem *Mumonkan*. Es wird berichtet, dass Mumon sechs Jahre an dem Mu-Koan gearbeitet hat, bevor er sein erstes Satori erlangte. Im Kommentar zu dem Mu Koan sagt er, dass um durch die Schranke des Mu zur Erfahrung der Erleuchtung jenseits seines Tors durchzubrechen, „man sich Tag und Nacht konzentrieren und sich selbst bei jedem einzelnen der 360 Knochen und 84.000 Poren in Frage stellen muss." Er führt weiter aus, dass man wie jemand sein muss, der „einen rot-glühenden Eisenball verschlungen hat und ihn trotz großer Bemühungen nicht wieder ausspucken kann."[30]

Bei dieser Einstellung erwartet man, dass Hakuin der Befürworter einer strengen und kompromisslosen Disziplin ist. Und tatsächlich duldet er nichts außer totalem Einsatz, unnachgiebiges Bemühen und hundertprozentige Entschlossenheit. Er beklagte häufig den Mangel von Ernsthaftigkeit und Aufrichtigkeit unter den vielen Mönchen seiner Tage. Nichts war für ihn verachtenswerter als Buddhismus zu einer „süßen und einfachen Sache" werden zu lassen. Die „Große Angelegenheit" der Verwirklichung des Buddha Dharma verlangte nach nichts weniger als einem heroischen Kampf. Sein Rat in einem Brief an einen kranken Mönch in *Orategama* ist charakteristisch für den unnachgiebigen Eifer, auf dem er trotz widrigster Umstände bestand. Selbst Krankheit sollte eher als Impuls zum Vorantreiben der eigenen Praxis denn als Entschuldigung, einen Moment zu entspannen, genutzt werden. „Beharrliche Übung zu Zeiten des eigenen Leidens an einer Erkrankung ist wesentlich.... Es kann kein Müßiggang akzeptiert werden."

In Hakuins Brief ist oft von Rat die Rede, den „ein alter Mönch“ (wahrscheinlich sein Meister Shoju) einem kranken Mönch (wahrscheinlich Hakuin selbst) gegeben hat. Beispiele aus seinem eigenen und dem Leben anderer verwendend, sagt der alte Mönch, dass „für erfolgreiche Meditation nichts besser wäre, als zu praktizieren, wenn man krank ist.“ Krankheit ist eine der vielen Prüfungen, durch die man hindurch gehen muss und durch die die eigene Entschlossenheit getestet wird. „Selbst umgeben von Schlangen und Wassergeistern, muss ein Mann, wenn er sich einmal entschlossen hat etwas durchzuführen, sich überwinden, das nicht unvollendet zu lassen, was er begonnen hat. Gleichgültig wie verfroren oder hungrig er sein mag, muss er es ertragen; ganz gleich wie viel Wind und Regen kommen mag, er muss es aushalten. Er muss sogar in das Innere des Feuers eindringen oder zum Boden eiskalten Wassers eintauchen, er muss das Auge öffnen, das die Buddhas und Vorfahren geöffnet haben.“[31]

Inzwischen ist sicher klargeworden, dass Hakuins Bildsprache in seiner Lehre, heldenhaft, oft gewalttätig und man könnte sagen von militaristischem Charakter ist. Das Leben ist ein Schlachtfeld von kämpfenden Truppen, das geistige Krieger und Techniken der Kriegsführung benötigt. Die Feinde des Ego, der Begierde, der Anhaftung und Unwissenheit können jede nur vorstellbare Hürde und Fallgrube in den eigenen Weg werfen. Man kann von jeder Seite aus von den Kräften Maras angegriffen werden. Daher rät er „*kämpfe* zu allen Zeiten deines Zen Studiums *gegen* Täuschungen und weltliche Gedanken, *kämpfe* gegen den *schwarzen Dämon* des Schlafes, *attackiere* die Konzepte von aktiv und passiv, von Rang und Regellosigkeit, richtig und falsch, Hass und Liebe, und *kämpfe mit* allen Dingen der profanen Welt. Dann beim *Voranschreiten* mit wahrer

Meditation und der *heftigsten Anstrengung*, wird sich unerwartet wahre Erleuchtung einstellen"[32] [Kursiv, Hyers] Wenn er von der Aufgabe spricht, einen hoch erleuchteten und würdigen Nachfolger heranzuziehen, benutzt Hakuin eine Symbolik, die sogar den härtestens gedrillten Feldwebel erzittern lässt: „Er lässt in seinem Mund die Krallen und Zähne der Höhle des Dharma nachhallen, zerschmettert überall die Gehirne der Mönche, zieht die Nägel und schlägt Keile heraus."[33]

Zen Anekdoten sind berüchtigt für ihre schockierende und beleidigende Sprache, selbst wenn es um solch heilige Angelegenheiten wie den Buddha, die Schriften und Vorfahren geht. Und in den Kulturen wie denen der Chinesen und Japaner, welche so viel Wert auf Höflichkeit, Achtung und Anstand legten, musste solche Zen Sprache doppelt roh und unangemessen erscheinen. „Was für eine schöne Bescherung sind die Drei Fahrzeuge (die Triyana), die Lehren der zwölf Kanon-Unterteilungen und Boddhidharmas Kommen aus dem Westen!" „Der Buddha ist ein stierköpfiger Gefängniswärter und die Vorfahren sind pferdegesichtige alte Dienstmädchen." „Der Buddha ist ein Kotspatel." „Töte den Buddha."

Genauso war Hakuin ein Meister der schockierenden und verletzenden Rede. Die Titel einiger seiner Werke sind gelinde gesagt provokativ. Sein Kommentar zum Hannya Shingyo (dem Herz Sutra) wurde *Dokugo* (‚vergiftete Worte des') *Hannya Shingyo* betitelt. Jedem, der eine Position vertrat, die er als Schwächung oder Sinnentstellung des Buddhismus ansah, oder der eines halbherzigen buddhistischen Weges schuldig schien, war Hakuin ein wahrhaftes Lexikon an Beleidigungen und Beschimpfungen. Ein Wortschwall von mündlichen Angriffen füllt seine Schriften, wenn er Ansichten und Praktiken angreift, die er innerhalb oder von außen als bedrohlich für den Buddhismus ansieht. Gegner werden Idioten, Narren, blind, dumm, unwissend, nichtswürdig, schwachsinnig, wurmartig, getäuscht, unbedeutend und ketzerisch genannt. Von Hakuin kann jedenfalls gesagt werden, dass er einen dreisten und ausfälligen Stil hatte!

Dieses energische Vokabular entspricht der Stärke und Heftigkeit seiner eigenen spirituellen Kämpfe und Erfahrungen und der Intensität, mit der er lebte. An der vordersten Front des Kampfes mit dem Königreich Maras [der König des Bösen heißt Mara] ist kein Platz für Feiglinge und Schwächlinge, und im Gedränge des Schlachtgewühls benutzt man keine sanften Worte und nutzlose Nettigkeiten. In einem langen Brief an den Gouverneur der Settsu Provinz vertritt Hakuin die Auffassung, dass „die Kriegerklasse im Vorteil ist, wenn es darum geht, wahre Meditation auszuführen. Ein Krieger muss vom Anfang bis zum Ende physisch stark sein. . . . Der wackere, unerschrockene Ausdruck auf seinem Gesicht spiegelt die Praxis des unvergleichlichen, wahren und ununterbrochen meditierenden Sitzens wieder."[34] Offenkundig war für ihn Zen eine Angelegenheit der geistigen Kriegsführung; der Mönch wurde als geistiger Krieger angesehen; und die Tugenden des Kriegers waren unerlässlich zur Erringung des Sieges. Es wäre übertrieben, es Samurai Zen zu nennen: aber vom Geist her, den Werten, der Symbolik – und der Analogie - ist es *Bushido*, der Weg des Kriegers.

Es überrascht nicht weiter, dass die pädagogischen Methoden von Hakuin ähnlich dramatisch, konfliktzentriert und krisenorientiert sind. Auf der Grundlage seiner eigenen zweimalgeborenen Erfahrung und denen, die im Allgemeinen in der anekdotenhaften Zen Tradition berichtet werden, ist es Hakuins Mission, ähnliche Erfahrungen bei seinen Mönchen und Laienanhängern herbeizuführen. Einige seiner Techniken, die er benutzte, sind schon in der Geschichte von Shojus Behandlung des jungen Mönches Hakuin enthalten. Durch verbale Schmähung, physische Misshandlung und Frustration wird die Psyche des Novizen zu einem Punkt des Durchbruchs gebracht, jenseits dessen Licht und Befreiung aufscheint.

Zen Anekdoten, vorzugsweise solche, die im Rinzai gerne erzählt werden, berichten oft von einer „brutalen“ Behandlung: Schreien, Schlagen, Angreifen, Treten, Prügeln. Rinzai selbst war für sein „Löwen Gebrüll“ bekannt, mit welchem er die Mönche taub werden ließ, manchmal für drei Tage lang! Und im förmlichen Gebrauch des Kyosaku-Stocks, wobei die Mönche bei der Meditation geschlagen werden, macht das Rinzai Zen einen eher kraftvollen und ausgiebigeren Gebrauch dieses Mittels als das Soto Zen. Das Ziel, das all diesen Techniken zugrunde liegt, ist, dem Selbst oder der gewöhnlichen Art und Weise zu denken und wahrzunehmen, auf eine Art Gewalt anzutun. Ego, Begehren, Anhaftung und Täuschung werden sozusagen aus dem Übenden herausgetrieben.

Die allerwichtigste Methode besteht jedoch im Koan. Dies ist die Hauptwaffe, die im geistigen Schlachtfeld benutzt wird. Das Koan wird so wichtig, dass die Meditation größtenteils als Meditation über ein Koan (*kanna-zen*) verstanden wird. In dieser Methode frustriert und bremst man den Feind aus: die trügerischen Wege des Denkens und Seins. Die Abwehrkräfte des Egos sind zu Bruch gegangen; das Begehren angegriffen und eine Bewusstseinskrise ist herbeigeführt. Der Wert des Koans ist, dass mittels rätselhafter Aussagen, widersprüchlicher Behauptungen, unsinniger Bemerkungen oder unverständlicher Handlungen eine scheinbar unvereinbare Konfliktsituation aufgebaut wird – nicht verschieden von den dramatischen und offensichtlich unlösbaren Konflikten, welche die tragische Grundstruktur vieler japanischer Noh Dramen ausmachen. Man muss über ein Koan meditieren, bis der eigene Verstand erschöpft ist, die eigene Vernunft zutiefst durcheinander gebracht und der eigene Geist gebrochen ist. Mit „seiner Weisheit am Ende“ seiend, kann man dann nach Hakuin fähig werden, diesen Großen Zweifel und Großen Tod zu erfahren, welcher zu Großer Freude und dem siegreichen Schrei „Ka!“ führt.

Im *Yabukoji* spricht Hakuin fogendermaßen über das Koan „Was ist das Geräusch des Klatschens der einen Hand?“ , welches er sich für seine Mönche ausgedacht hatte: „Dort, wo die Vernunft erschöpft ist und die Worte ein Ende haben, wirst du plötzlich die karmische Wurzel von Leben und Tod ausreißen und die Höhle der Unwissenheit niederbrechen....Zu dieser Zeit ist die Basis des Geistes, des Bewusstseins und Gefühls plötzlich zertrümmert; der Bereich der Täuschung mit seinem endlosen Treiben im Kreislauf von Geburt und Wiedergeburt ist aufgehoben.“[35]

„Totes Sitzen“

Hakuins Verständnis der Zen Praxis ist nicht nur das Ergebnis seiner positiven Erfahrungen mit der Koan-Meditation, sondern auch sein negatives Erlebnis mit der Übung des „Nur-Sitzen“, die von der Soto Schule bevorzugt wird. In den frühen Jahren seiner klösterlichen Übung hatte er die eher quietistische Einstellung des ruhigen Sitzens und der Leerung des Geistes in Übereinstimmung mit den buddhistischen Lehren über Leerheit (*Sunyata*), Nicht-Handeln (*Mui*) und Nicht-Denken (*Mushin*) ausprobiert. Er hatte angenommen, dass die „absolute Ruhe der Geistes-Quelle der Buddha-Weg wäre.“ Aber je mehr er versuchte, diesen Geisteszustand zu erreichen, desto weniger still wurde sein Geist. Je mehr er den Zustand der Leerheit zu realisieren suchte, desto schlimmer bedrängten ihn seine Gedanken und Gefühle von allen Seiten.

> Triviale und banale Angelegenheiten drückten gegen meine Brust und ein Feuer stieg in meinem Herzen auf. Ich war unfähig, von ganzem Herzen in die aktive Übung des Zen einzutreten. Ich wurde jähzornig und ängstlich. Körperlich und geistig fühlte ich mich dauernd geschwächt, der Schweiß strömte endlos aus meinen Achselhöhlen und meine Augen waren ständig mit Tränen gefüllt. Mein Geist war in einer andauernden Depression und ich machte nicht den geringsten Fortschritt hin zu den Vorteilen, die aus dem Studium des Buddhismus erwachsen.[36]

Weil Hakuin die Nur-Zazen Übungsweise nichts brachte, er allerdings mit der Koan-Methode Erfolg hatte, wurde er zu einem leidenschaftlichen Verfechter der Koans und einem vehementen Kritiker des von ihm bezeichneten „*toten Sitzens*" (*Shiza*) und den „still-erleuchtenden (Mokusho) Häretikern", die dies praktizierten. Über seine frühere missglückte Einstellung sagt er: „[Sie] nehmen törichterweise die toten Lehren von Nicht-Gedanke und Nicht-Geist, wo der Geist wie tote Asche mit Weisheit entwertet wird und machen dies zur essentiellen

Zen-Doktrin. Sie praktizieren stilles, totes Sitzen, als ob sie Räuchergefäße in ein paar alten Mausoleen wären."[37] So wie Hakuin es betrachtete, war ein Teil des Problems, dass das Sitzen ohne sich auf ein Koan zu konzentrieren wenig bewerkstelligt, weil man entweder zum Schlafen tendiert oder den Geist herumwandern lässt. „Sie sitzen für eine Minute in Meditation und fallen für 100 Minuten in Schlaf und während dem bisschen von Meditation, das sie zu vollbringen schaffen, ist ihr Geist von zahllosen Täuschungen bedrängt. Sobald sie ihre Augen fixieren, ihre Zähne zusammenbeißen, die Fäuste ballen, ihre Haltung arrangieren und zu sitzen anfangen, beginnen zehntausend üble Umstände in ihren Köpfen um die Wette zu rennen."[38]

Hakuin beanstandete auch die Passivität des Nur-Sitzen Ansatzes. Für ihn war die Zen Praxis eine Übung; sie war aktiv, energisch, tatkräftig. Die Konzentration auf ein Koan zwang einen dazu, das Problem aufzugreifen, davon eingezwängt zu werden und es zum Boden niederzuringen. Ein Koan zu ergreifen, war wie die Hörner eines rasenden Stieres zu packen; man kann schwerlich die Begegnung aussitzen, als würde man über einen Rosengarten kontemplieren. Man muss sich ohne einen Augenblick der Rast vollkommen mit dem Stier beschäftigen, bis der Stier unterworfen oder getötet ist – und bis der nächste Stier in den Ring gebracht wird. Einfach nur sitzen ist jedoch wie der Versuch, ein großer Stierkämpfer zu werden, indem man ohne Stier inmitten einer Arena sitzt und an Blumen riecht. Der Vergleich stammt nicht von Hakuin, aber trifft seine Bedenken gegenüber „den Dummköpfen, die auf Bergen verhungern, die denken, dass totes Sitzen und stille Illuminierung genügen und dass Zen aus einer Geistesquelle besteht, die in Stille weilt."[39] Sie sind wie „tote Seidenwürmer in ihren Kokons."

Hakuin betonte so stark den aktiven Ansatz, dass er darauf bestand, dass das Besondere an Zen nicht das Sitzen in Meditation über ein Koan wäre, sondern die Meditation des Koan selbst, ob man nun sitzt, steht, geht oder arbeitet. Eher, argumentiert er, war die Meditation eines Koan während der täglichen Aktivitäten wegen „dem Eindringen in die Tiefen seiner eigenen Selbst-Natur und dem Erreichen einer lebendigen Kraft, die zu allen Gelegenheiten wirksam ist“[40] der sitzenden Meditation sogar überlegen. Die Energie des Koan kann mit der Energie der eigenen täglichen Aufgaben (Samu) vereinigt werden, um eine gänzlich aktive und dynamische Entwicklung hinsichtlich einer tieferen Einsicht zu unterstützen.

Nichts konnte Hakuins Persönlichkeit oder persönlichem Erleben besser entsprochen haben. Tatsächlich wird in keinem der Zusammenhänge, in welchen Hakuin über Erleuchtungserlebnisse berichtet, Zazen genannt. Stattdessen war er mit Zen-Studien beschäftigt, las anekdotenhafte Aufzeichnungen, hörte einen Vortrag, machte Geh-Meditation, watete im Regensturm durch tiefes Wasser, untersuchte das *Lotus Sutra* oder beobachtete den Schneefall.

> Was ist wahre Meditation? Sie steckt in jeder Handlung: im Husten, im Schlucken, im Arme schwenken, in Bewegung, in Stille, in Worten, im Handeln, im Bösen und im Guten, in Wohlstand und in Schande, in Gewinn und Verlust, in richtig und falsch, in einem einzigen Koan.[41]

KAPITEL III

Einmal-geboren Zen: Dogen

Das eigentliche Wirken der Buddhas und Vorfahren
Zeigt sich, ohne dass da Gedanken sind,
Und wird ohne Hindernis vollendet . . .

Die Verwirklichung, welche weder eine absolute
noch relative ist,
Dringt ohne bewusste Absicht durch.
Klares Wasser sickert in die Erde ein;
Der Fisch schwimmt wie ein Fisch.

Dogen[1]

Im japanischen Zen war der große Befürworter des „Nur-Sitzens" Dogen, der Gründer der japanischen Soto Schule. Dogen (1200-1253) hatte seine Praxis tatsächlich unter den ersten japanischen Lehrern des Rinzai Zen begonnen, unter Eisai und seinem Schüler Myozen. Außerdem war er nach China gereist, um unter verschiedenen Lin Chi (Rinzai) Meistern zu studieren. Aber erst als er Ju-ching, einem chinesischen Meister der Ts'ao-tung (Soto) Schule begegnete, fand er eine Methode und Lehre, die er für sich als völlig stimmig empfand. Es führte dazu, dass er den Gebrauch von Koans zu Gunsten eines „einspitzigen intensiven Sitzens“ (*Shikantaza*) aufgab.

Obwohl Dogen Koan-Meditation viele Jahre ausgeübt hatte, und das auch sehr hingebungsvoll, kam er zu dem Schluß, dass die Meditation über Koans trotz ihrer großen Betonung auf plötzlicher Erleuchtung eine Form der „stufenweisen Häresie“ sein könnte. Wenn das Koan-Zen in der Erwartung angewendet würde, dass man dadurch eine großartige Erleuchtung erfahren würde und durch weitere Koan-Arbeit stufenweise die Buddhaschaft erlangen könne, legte es dualistische Methoden als Mittel für die Erreichung weiterer spiritueller Ziele nahe. Es wäre wie eine Fruchtreifung bis zu dem Punkt, wo sie sich selbst abrupt löst und vom Baum der Täuschung und des Nichtwissens in einem plötzlichen Satori herunterfällt.

Dogen dagegen lehrte, dass man „einfach nur sitzen“ solle, da man das, was man versucht zu erreichen, tatsächlich schon aus der Mitte seines eigenen Wesens heraus *ist.* Man *ist* schon ein Buddha, man *ist* erleuchtet, man *ist* grundsätzlich in Ruhe. Daher sollte man innerhalb der eigenen Buddha-Natur „einfach nur sitzen“ und ihr erlauben, in die ganze eigene Existenz und das Leben hinein zu fließen. Dort wo Hakuin von „totem Sitzen“ (Shiza) spricht, redet Dogen von „einfach nur sitzen“, „gänzlich sitzen“ und „nichts anderes als nur sitzen“ (Shikantaza). Solch ein Sitzen ist keineswegs sinnlos oder tot, weil es ein Sitzen innerhalb der Fülle des Lebens eines Buddhas ist. Selbst wenn man nur eine kurze Zeitspanne in den Untiefen des Ozeans der Erleuchtung sitzt, sitzt man gleichwohl in der unendlichen Weite dieses Ozeans.

Im *Zuimonki* rät Dogen seinen Mönchen: „Studenten müssen sich auf das Zazen allein konzentrieren und sich nicht über andere Dinge den Kopf zerbrechen. Der Weg der Buddhas und Vorfahren ist nur allein Zazen. Folgt nichts anderem." Hinsichtlich der Koan-Praxis bemerkt er: „Obwohl sich ein bisschen Verständnis aus der Untersuchung der Koans zu entwickeln scheint, hat es zur Folge, dass der Weg der Buddhas und Patriarchen immer weiter in die Ferne rückt. Wenn du deine Zeit dem Zazen widmest, ohne etwas wissen zu wollen und ohne nach Erleuchtung zu streben, ist dies selbst der Weg der Vorfahren." Bezüglich des Wertes von Koan-Zen und Zazen kommt Dogen zu dem Schluss: „Obwohl die alten Meister zu beidem, dem Lesen der Schriften und der Praxis des Zazen, anhielten, legten sie eindeutig die Betonung auf Zazen. Einige erreichten Erleuchtung durch ein Koan, aber die Verdienste, die die Erleuchtung herbeiführten, kamen durch Zazen. Der Vorzug liegt wahrlich im Zazen."[2]

Wenn man sitzt wie der Buddha saß, belebt man [dadurch] seine eigene Buddha-Natur. Dies ist keine „stufenweise Erleuchtung" im Gegensatz zur „plötzlichen Erleuchtung", da Erleuchtung die logische und ontologische Grundlage all der Praxis des Weges ausmacht. Fähig zu sein, in dem Vertrauen zu sitzen, dass man auf die Weise des Buddhas und innerhalb der eigenen Buddha-Natur sitzt, schließt zu einem gewissen Maß mit ein, dass man erleuchtet ist, sonst würde man es nur als theorethische Möglichkeit erwägen oder es gänzlich bezweifeln.

Vertrauen selbst ist aus der Erleuchtung heraus geboren, geht der Erleuchtung voran und ist eines der Zeichen von Erleuchtung. Bedingungsloses Vertrauen ist bereits Verstehen und wird durch diese Bewusstheit selbst bestimmt, um vollkommen bewusst und deutlich zu werden. Es ist nicht, als ob man – so wie im Koan-Zen verstanden – in dem Vertrauen sitzt und hofft, dass eines Tages die Meditationspraxis irgendwann einmal zu einem Satori oder Kensho führt. Für Dogen ist dieses besondere Verlangen und das Ziel des Sitzens, sowie auch die Handlung des Sitzens selbst schon Erleuchtung und der Weg der Buddhas und Vorfahren. Es ist nicht nur der Pfad *zur* Erleuchtung, sondern der Weg *der* Erleuchtung. Es handelt sich um die erleuchtete Weise des Seins und des Tuns. Zazen selbst ist das Sitzen auf dem Diamant-Thron des Buddhas unter dem Bodhi-Baum.

Zusammengefasst ist das Dogens „einmal-geborene" Philosophie und Übung. Eine eingehende Betrachtung seines Lebens zeigt die gleiche enge Übereinstimmung zwischen seiner Erfahrung und Lehre wie auch zwischen Hakuins zweimal-geborener Erfahrung und anschließender Lehre.

Dogens frühe Jahre

Dogens Jugend weist schon die Persönlichkeitsmerkmale und Lebensansichten auf, die William James mit denen der Einmal-Geborenen assoziiert. Dogens Vater, Koga Michicika, war ein Nachfahr des Kaisers Murakami (Regierungszeit 946-57) in 8. Generation. Sein Vater gehörte zum Zweig der angesehenen Minamoto Familie und war Großsiegelbewahrer des Geheimsiegels. Dogens Mutter kam aus dem Fujiwara Stamm, einer Fürstenfamilie, welche für mehrere Jahrhunderte außerordentlich bedeutend in der japanischen Aristokratie war. Daher wuchs Dogen in einer höchst kultivierten Atmosphäre des Kaiserlichen Hofes auf, durchtränkt von seinen gesellschaftlichen Umgangsformen, angespornt sich die Erfahrungen der chinesischen und japanischen Klassiker zu eigen zu machen und hervorragend ausgebildet in Literatur und Poesie, was zum Leben in der damaligen adligen Gesellschaft unverzichtbar dazugehörte.

Dogen war ein frühreifes Kind, schon im Alter von vier Jahren konnte er chinesische Gedichte lesen. Er schien die besten Aussichten auf eine ausgezeichnete Karriere bei Hofe zu haben. Obwohl er später auf diese Laufbahn, auf den Luxus und den Kunstsinn des höfischen Lebens verzichtete, hatte er außergewöhnliche Privilegien und Vergünstigungen genossen. Die Verfeinerung der höfischen Kultur, die Liebe zur Sprache, die klassische Ausbildung und die geschliffene Art sich auszudrücken blieben ihm erhalten und gaben seinen Werken eine weite Bandbreite und einen großen Nuancenreichtum.

Jedoch war Dogens Kindheit nicht nur friedvoll und heiter. Die Missgeschicke, die ihn in seinen frühen Jahren trafen, sein Fatalismus im Alter und der pessimistische religiöse Einfluss, unter dem er stand, hätten leicht zu einem zweimal-geborenen Szenario führen können. Sein Vater starb, als Dogen zwei Jahre alt war; seine Mutter, als er sieben Jahre alt war. Die Unbeständigkeit des Lebens (*mujo*) war ein zentrales Thema der Literatur in der Heian Zeit, beeinflusst teilweise durch buddhistische Lehren über Umbruch und Kurzlebigkeit und teilweise durch aristokratische Betrachtungen über Kürze und Wechselfälle des Lebens. Der Tod von Dogens Vater hatte ihn nur im Nachhinein geprägt, aber der Tod seiner Mutter war eine direkte Bestätigung der Vergänglichkeit des Lebens, welche von der höfischen Literatur und der buddhistischen Lehre gemeinsam betont wurde.

Dogens Mutter hatte auf ihrem Totenbett den Wunsch geäußert, dass Dogen eher ein Mönch werden und die ewig gültige Wahrheit des Buddhismus herausfinden sollte, als die weltlichen Angelegenheiten des Hofes zu verfolgen. Obwohl der Bruder

der Mutter ihn adoptieren und auf eine Laufbahn im kaiserlichen Hof vorbereiten wollte, entschied Dogen im Alter von 12 Jahren dem Wunsch seiner Mutter zu folgen und Mönch zu werden. In dieser Zeit war es nichts Ungewöhnliches für Mitglieder der Aristokratie, denen ein Unglück widerfahren war, der Welt zu entsagen und in ein Kloster einzutreten. Dogen gab dem Tod seiner Mutter und ihren Abschiedswunsch als Grund für die Annahme der klösterlichen Gelübde an. Dogens persönliche Aufzeichnungen (das *Hokyo-ki*) enthält die Bemerkung, dass „er beim Tod seiner Mutter beim Betrachten des aufsteigenden Weihrauches vollkommen die Vergänglichkeit der Welt der fühlenden Wesen realisierte und tief in sich den großen Wunsch fühlte, den Dharma zu suchen."[3] Demzufolge wurde er im Alter von 13 Jahren im großen Zentrum des Tendai Buddhismus auf dem Berg Mt. Hiei, östlich von Kyoto, zum Mönche geweiht.

Der Tod seiner Mutter führte jedoch nicht zu einer tiefen spirituellen Krise oder einer pessimistischen Weltsicht. Noch führte die Konfrontation mit der Vergänglichkeit des Lebens zur Melancholie. Das menschliche Dasein, so kurz es auch sein möge, wurde als große Möglichkeit betrachtet. Wie es die obigen Zitate beschreiben, „weckten diese Umstände in ihm den tiefen Wunsch dem Dharma nachzufolgen." Viel später schrieb er im *Shukke Kudoku* (Verdienste der Mönchsschaft) Kapitel des *Shobogenzo*: „Das Leben ist so flüchtig wie ein Tautropfen, und da wir das Glück hatten, als menschliche Wesen geboren zu werden, sollten wir unser Leben nicht verschwenden."[4]

Dogens klösterlicher Werdegang zeichnet sich durch beachtliche Energie und Fleiß beim Lernen und Ausüben des buddhistischen Weges aus. „Ich war mit einem guten Karma gesegnet", schreibt Dogen dankbar als junger Mann in seinen Aufzeichnungen. Man spürt, dass er ein klares Ziel vor Augen hat, das er unabgelenkt und eifrig verfolgt, dass er positiv an alles herangeht, und eine große Natürlichkeit in seiner religiösen Praxis an den Tag legt. Anstatt vom Fatalismus und der Melancholie, die den Geist der damaligen Zeit in weltlicher und religiöser Literatur beherrschten, beeinflusst zu werden, bewegte er sich in Dankbarkeit des Privilegs einer menschlichen Geburt und des gegenwärtigen Augenblicks, der ihm zur Verfügung stand, voran. Das Leben empfand er als ein Geschenk und einen Segen, nicht als ein Gefängnis, Schlachtplatz oder grausames Schicksal. Später schrieb er: „Jetzt, da wir nicht nur die gute Fügung einer menschlichen Geburt haben, sondern auch noch in Kontakt mit Shakyamuni Buddha kommen, können wir da etwas anderes als überglücklich sein!. . . Wie glücksverheißend ist es, in diesen gegenwärtigen Tagen geboren worden zu sein, in dem es uns möglich ist, ihm (Buddha) zu begegnen!"[5]

Dogen sträubte sich gegen die Versuchung den volkstümlichen Glauben an die Reine Land Lehre anzuerkennen, die besagte, dass jetzt alle im degenerierten dritten Zeitalter des Dharma (*mappo*) leben würden, in dem Erleuchtung oder sogar ein Anerkennung verdienendes Leben in der Hoffnung auf Wiedergeburt zu einer etwas günstigeren Zeit und Ort angeblich nicht mehr möglich wäre. Und dass es deshalb für jeden nur die Hoffnung gäbe, in Amida Buddhas Westlichem Paradies wiedergeboren zu werden, und zwar durch das Vertrauen in seine grenzenlosen Vorzüge und sein Mitgefühl. Dogen lebte im gleichen Jahrhundert (dem 13.) wie der höchst radikale Vertreter der Reinen Land Lehre, Shinran, Gründer der *Jodo-shin-shu* (Wahre Reine Land Schule). Beide waren gleichzeitig Mönche im Tendai Kloster auf dem Berg Hiei gewesen. Shinrans eigene Schwierigkeiten, trotz vieler Jahre der klösterlichen Ausbildung einen geistigen Fortschritt zu machen und den Frieden des Geistes zu verwirklichen, wie er vom Buddhismus versprochen wird, gepaart mit der allgemeinen Einstellung dieser Zeit führten ihn zu der Annahme, dass das dunkle Zeitalter des Degenerierten Dharma gekommen wäre oder kurz bevor stand. Im ersten Zeitalter des Wahren Dharma (*shobo*) – in dieser Zählweise die ersten 500 Jahre nach Buddhas Erleuchtung – wäre es möglich gewesen, den Lehren des Buddha zu folgen und Erleuchtung zu erlangen. Im zweiten Zeitalter des Niedergehenden Dharma (*seppo*) – die nächsten 1500 Jahre – wäre es nicht länger möglich, Erleuchtung zu erfahren, aber man könnte durch verschiedene verdienstvolle Handlungen eine günstigere Wiedergeburt in der Gegenwart des Westlichen Buddhas erwirken, so hoffte man. Aber im folgenden Zeitalter des Niedergangs würde es schwieriger und schwieriger, verdienstvolle Handlungen auszuführen, die den Zugang zum Dharma ermöglichen könnten. Im dritten Zeitalter des Degenerierten Dharma – die folgenden 3000 Jahre – wäre es nur noch durch das eigene Vertrauen in die unbegrenzten Verdienste und das Mitgefühl des Buddha des Westlichen Landes möglich in dieses Reine Land zu gelangen. So führte Shinrans sehr pessimistische Ansicht über sich selbst und sein Zeitalter dennoch zu einem überraschend optimistischen Ergebnis: weil es nichts gab, was man tun konnte, um errettet zu werden, brauchte man auch nichts dafür zu unternehmen, außer sich selbst der Gnade und der Gunst Amida Buddhas zu überlassen.

Dogen räumte ein, dass es mancherlei Schwierigkeiten gäbe, da man zeitlich und räumlich so weit entfernt vom historischen Buddha geboren worden war. Man könnte die Tatsache bedauern, dass man nicht im 6. Jahrhundert v. Chr. im nordöstlichen Indien geboren worden war und keine Möglichkeit hat, mit dem Buddha zu wandern und mit ihm zu reden, seine direkte

Führung zu erhalten oder die überwältigende Kraft seiner Gegenwart zu fühlen. Man könnte die Spaltung bedauern, die von so vielen dazwischen gekommenen Zeiten, Kulturen, Sprachen, Übersetzern und Schulen herrührt. Verständlicherweise könnte man in Verzweiflung stürzen, den Buddha Dharma richtig zu verstehen, ihn genau zu praktizieren oder ihm richtig zu folgen. All dies mochte überzeugend klingen, aber für Dogen war man, obwohl man tatsächlich 2000 Jahre vom historischen Buddha und seinen Lehren entfernt war, in einem mehr grundsätzlichen Sinn *gleichweit entfernt* vom Buddha und seinem Dharma, da die eigene wahre Natur Buddha und Dharma *sind.* Auf diese innere Wahrheit zeigen die Lehren aller Buddhas. Wenn man in Zazen sitzt, sitzt man in der Gegenwart des Buddha und verwirklicht den Dharma.

An dieser Stelle ist man besonders an William James Beschreibung der religiösen Ansicht der Einmal-Geborenen erinnert, die trotz rauer Realität und pessimistischer Lebensumstände positiv bleibt. Sie bestehen darauf, in ihrem Gefühl der Gutheit des Lebens aufzugehen, trotz der harten Umstände ihrer eigenen Lage und trotz finsterer Gottesdeutungen, in die sie hineingeboren sein mögen. Von Beginn an ist ihre Religion eine der Vereinigung mit dem Göttlichen."[6] Die Einstellung, die Dogen schließlich erreicht, bietet die größtmögliche direkte Infragestellung von Ausreden, die auf den Missgeschicken des Lebens, dem Zweifel an bedeutsamen Errungenschaften in solch einer kurzen Lebensspanne, dem scheinbar beschwerlichen Pfad zur Erleuchtung oder der Degeneration des Zeitalters, basieren. Buddhaschaft, Erleuchtung und Reinheit und Frieden des Nirvana sind alles Aspekte der eigenen ursprünglichen innersten Natur. „Diejenigen mit Vertrauen in den Weg sollten sicher wissen, dass sie von Anfang an unfehlbar auf dem Weg sind – daher frei von Verwirrtheit, Täuschungen, Fehlinterpretationen, Zunahme und Abnahme und Irrtümern."[7]

Im zweimal-geborenen Zen liegt die Betonung auf *Maya*, *Avidya* und *Samsara* – dem Zustand von Trugbild und Täuschung, von Egoismus und Begehren, von falschem Denken und Handeln, aus dem der Kandidat dann Erlösung sucht. Beim einmal-geborenen Zen liegt die Betonung auf der eigenen ursprünglichen Natur, welche das eigene wahre und immer-präsente Selbst ist, an sich rein und stimmig. Im zweimal-geborenen Zen muss die Wahrheit und Realität, wie von der großen zweimal-geborenen Ära der 1960er Jahre mit „verändertem Bewusstseinszustand" bezeichnet, entdeckt werden. Im einmal-geborenen Zen ist ein nicht-dualistisches Bewusstsein der eigene Grund eines bewussten Daseins, aus dem heraus man eingeladen ist, die Fülle der Gegenwart zu leben.

Für Dogen kann es den einen Moment geben, in dem man erstmals selbstbewusst wahrnimmt, wer man bereits ist und was man weiß, dann in diesem Wissen verbleibt und sich diesem ganz hingibt. Das eigene „Dharma-Auge wurde geöffnet". Aber auch, wenn dem so ist, sollte man nicht zu viel Aufhebens über die Erfahrung der Entdeckung machen, was man bereits weiß, oder in Aufgeregtheit über das Herausfinden verweilen, was man schon besitzt. Solch ein Moment ist auch nicht notwendigerweise das Ergebnis einer Bewusstseinskrise, in der die gesamte eigene Anschauung und Daseinsweise von Grund auf umgestaltet wurde. Es ist eher wie der Moment, in dem ein schlafender Buddha erwacht und seine Augen öffnet. Ein Buddha erwacht nicht von Nicht-Buddhaschaft zu Buddhaschaft, aber aus seiner Buddhaschaft heraus. Und wie Meister Bankei es beschreibt, ob schlafend oder wach, ein Buddha ist so oder so ein Buddha.

Ursprüngliche und erworbene Erleuchtung

Als Dogen im Kloster studierte, bereitete ihm schon früh eine Frage Kopfzerbrechen, die der Schlüssel seines Zen-Verständnisses ist. Wenn, so wie der Mahayana Buddhismus lehrt, wir alle von Geburt an mit dem Dharma ausgestattet sind und uns bereits in der Wahrheit befinden, warum ist es dann für alle notwendig – selbst für solche erhabenen Wesen, die Buddhas genannt werden – Erleuchtung zu suchen und beschwerliche geistige Schulung auf sich zu nehmen? Im Mahayana Buddhismus wurde eine Unterscheidung zwischen ursprünglicher Erleuchtung (*hongaku*) und erworbener Erleuchtung (*shikaku*) herausgearbeitet. Die Tendai Schule, in der Dogen seine klösterliche Praxis begann, hatte die besondere Gewichtung auf die ursprüngliche Erleuchtung gelegt. Zu Dogens Zeiten hatte die Tendai Schule die Lehre bis zu der radikalen Feststellung getrieben, dass Erleuchtung eine ewige Wahrheit und keine temporale Erscheinung sei. Die in die gleiche Richtung zielende Lehraussage, „dieser Körper selbst ist Buddha" (sokushin-jobutsu), wurde ebenfalls radikalisiert – speziell im japanischen Tendai – und führte zu dem Ergebnis, dass dieses Leben und die Formen dieser Welt selbst Buddha darstellen und daher als heilig und befreit angesehen werden können.

Wenn diese Lehren richtig wären, wo wäre dann der Ort oder der Zweck einer religiösen Praxis begründet? Warum überhaupt eine solche Kraftanstrengung, beziehungsweise einen weiten, strapaziösen Weg auf sich nehmen, nur in der Hoffnung auf Erleuchtung oder das Nirvana? Tatsächlich wurden in der späten Heian Zeit solche Lehrmeinungen allgemein von weltlichen Tendai Mönchen benutzt, um egoistische Interessen und ehrgeizige, weltliche Projekte vernunftsmäßig zu erklären. Da er von seinem eigenen Lehrer auf dieses Rätsel keine Antwort bekam, begann Dogen auf Rat seines Abtes unter Koin vom Mudera Kloster (heutzutage in der Shiga Prefektur) zu studieren. Doch auch dort fand er keine befriedigende Antwort. Koin leitete ihn wiederum an Eisai weiter, der im Kennin-ji Kloster in Kyoto lehrte und bekannt war für seine Einführungen in die Rinzai Zen Lehren aus China.

Als Dogen Eisai sein Problem vortrug, antwortete der Rinzai Meister mit einem Koan: „Alle Buddhas der drei Zeiten wissen nicht, dass sie mit Buddha-Natur ausgestattet sind, Katzen und Ochsen allerdings sind sich ihrer sehr wohl bewusst!“ Dies war eine Art Verkehrung von Joshus Koan: „Hat ein Hund Buddha-Natur?“ „Mu!“ Die Andeutung, dass Buddhas nicht über ihre Buddha-Natur nachsinnen und dass Dogens Problem kein richtiges Problem für sie wäre, bot die erste Aussicht auf eine Lösung und Dogen entschied sich, unter Eisai zu studieren.

Als Eisai im folgenden Jahr starb, führte Dogen seine Studien und Praxis neun Jahre unter Eisais Hauptschüler Myozen weiter und suchte noch immer nach einer endgültigen Antwort auf sein Problem. Im Alter von dreiundzwanzig Jahren begleitete er Myozen auf einer Reise nach China und besuchte dort einige führende Ch'an Klöster. Dort studierte er in Lin-chi (Rinzai) Klöstern, zuerst unter Wu-chi vom T'ein-t'ung Berg, dann unter Ta-kuang vom A-yu-wang Berg und schließlich unter Che-wenig vom Ching Berg. Zwei dieser Klöster waren Ta-hui Ableger des Lin-chi Zen, eine Seitenlinie, welche das Gewicht auf Koan-Meditation (*k'an-hua-ch'an*) legte. Es ist keine Überraschung, dass Dogens Schriften sich häufig auf Koans beziehen, obwohl er sich kurz darauf dem Zen der Schweigenden-Erleuchtung (me-chao-ch'an) der Ts'ao-tung Schule unter Praxisanleitung von Ju-ching (1163-1228) zuwandte.

Dogen studierte zwei Jahre unter den Gefolgsleuten der Ta-hui-Linie bevor er sich Ju-ching anschloss. Dogens Einstellung zur Lin-chi Schule, speziell der Ta-hui-Linie und seiner Lehren, war größtenteils positiv. Ta-hui war in China ein wichtiger Vertreter des Ch'an im 12. Jahrhundert gewesen und bekannt für sein Interesse an Laien-Angelegenheiten und der Ausbildung von Laien-Lehrern nach buddhistischen Grundsätzen. Drei Sammlungen seiner Werke enthalten seine Korrespondenz mit 130 Aristokraten und Mitgliedern des Adels mit Rat, Anleitung und Kritik. Sein Einfluss auf die chinesische Gesellschaft war größer als der jedes anderen Ch'an Meisters vor ihm. Er war unübertroffen in seiner klösterlichen Führung und Unterweisung. Wie Hakuin sechs Jahrhunderte später war Ta-hui ein überzeugter Befürworter der Koan-Praxis und ein Kritiker der „Schweigenden Erleuchtungs"-Methode der Ts-ao-tung (Soto) Schule. Er beschimpfte diejenigen, die in Stille und Untätigkeit wie träge Hornochsen mit geschlossenen Augen und leerem Geist saßen. Seiner Meinung nach bot die Passivität und Unentschlossenheit des Ch'an der Schweigenden-Erleuchtung einen Stufenweg, der niemals den Gewinn der Erleuchtung einbrachte. Er spiele die Bedeutung, eine dramatische, eindeutige, revolutionäre Erfahrung des Erwachens zu haben, herunter und begnüge sich mit quietistischem Sitzen. Für ihn war dies wie „kalte Asche und trockenes Holz". Die Koan-Methode bot jedoch die Möglichkeit eines plötzlichen Durchbruches in ein wahres Verständnis des Dharma, einem entscheidenden und unvergesslichen Augenblick der Wahrheit und eine radikale Umwandlung des eigenen Bewusstseins.

Obwohl Dogen schon neun Jahre im Rinzai Umfeld in Japan studiert hatte und danach noch zwei weitere Jahre in China, fand er seinen authentischen Lehrer in Ju-ching von der

Ts'ao-tung Schule. Während der ersten Jahre nach seiner Rückkehr aus China sprach er nicht kritisch über Ta-hui und seine Anhänger, vermutlich gab es dazu keinen aktuellen Anlass. Aber später, als sich Anhänger von Dainichibo, die sich der Ta-hui Schule zugehörig fühlten, Dogens Kloster in Fukakusa (1242) anschlossen, äußerte er über Ta-huis Denkansatz und Verständnis mehr und mehr Kritik. Er differenzierte wesentlich schärfer zwischen Ta-hui und Ju-ching und er betonte mit großem Nachdruck die authentische Übermittlung des Dharma durch Ju-ching und der Ts'ao-tung Schule. „Das Dokument der Nachfolge der Tung Schule ist verschieden von der Lin-chi Schule und vergleichbaren anderen Schulen. . . . Es war allein der Mönch Ch'ing-yuan, der das Siegel der Bestätigung [d.h., vom 6. Chinesischen Vorfahren Hui-neng] erhielt. Andere Vorfahren reichen nicht an ihn heran. Diejenigen, die dies wissen, müssten auch wissen, dass der Buddha-Dharma nur an Ch'ing-yuan authentisch übertragen wurde."[8] An anderer Stelle sagte Dogen: „Wir können nicht einmal sagen, dass Rinzai und Ummon den buddhistischen Dharma vollständig durchdrungen haben."[9]

Die Begründer der Ts'ao-tung Schule in China waren zwei Mönche der späten T'ang Dynastie mit Namen Ts'ao-shan (840-901) und sein Meister Tung-shan (807-869); aus Zusammenziehung dieser beiden Namen entstand die chinesische Bezeichnung der Schule (Ts'ao-tung) und somit der japanische Name (Soto). Die zwei bedeutungsvollsten Persönlichkeiten vor Ju-ching und Dogen waren jedoch Fu-yung (1043-1118) und Hung-chih (1091-1157). Fu-yung führte hohe monastische Ideale und rigorose Praxis ein und betonte zudem Genügsamkeit und Einfachheit. Letzteres kann man sehr gut an seiner Ernährung erkennen – Reis und heißes Wasser – und daran, dass er die purpurne Robe, ein Geschenk des Kaisers, ablehnte. Hung-chih war ein Verfechter der Meditation der Schweigenden Erleuchtung (japanisch, *mokushozen*) und wurde dafür oft von dem Lin-chi Zeitgenossen Ta-hui kritisiert. Diese Schwerpunkte von Fu-yung und Hung-chih kamen in Ju-ching zusammen (und anschließend in Dogen), der die klösterliche Reinheit und Schlichtheit von Fu-yung lobte und Hung-chihs Meditationsanleitung – das Tso-ch'an chen – als allem anderen überlegen erklärte.

In der klösterlichen Zen Tradition wurden Mönche ermutigt von Koster zu Kloster zu ziehen, um ihr Verständnis des Dharma zu vervollständigen und um den Meister zu finden, der zu ihrem Verständnisniveau und ihrem persönlichen Temperament passte. Für Dogen war Ju-ching der Meister, nach dem er gesucht hatte. In seinen Aufzeichnungen bezeichnete Dogen das seltene Privileg, unter Ju-ching studieren zu können „einen Segen, der das Verdienst einer früheren Inkarnation ist" (*Hokyoki, Abschn. 1*).

Unter Ju-ching fand Dogen eine Lösung für sein Hauptproblem. Während einer Meditationsperiode war der Mönch, der neben Dogen saß, eingeschlafen und Ju-ching schrie ihn an: „Im Zazen musst du dich von Körper und Geist befreien. Wie kannst du das durch einsgerichtetes intensives Schlafen erreichen?" Diese Bemerkung durchschüttelte Dogen und er fand ein neues Verständnis des Dilemmas, über das er grübelte. Diese neue Entdeckung erfüllte ihn mit großer Freude. Es gab keine Trennung von Körper und Geist; keine Trennung von Übung und Erleuchtung; keine Trennung von Mittel und Zweck.

Auf den ersten Blick erscheint dieses Szenario ungefähr parallel zu dem von Hakuins Jugend und erster Erleuchtung mit 24 Jahren: eine aufgewühlte Seele, die eine Antwort sucht, eine Lösung findet und Befreiung und Freude erfährt. Bei näherer

Betrachtung erkennt man jedoch wichtige Unterschiede. Dogen war nicht auf die gleiche Art wie Hakuin verzweifelt und traumatisiert, auch quälte ihn nicht das gleiche Problem. Dogens Problem war kein tiefer *innerlicher* Konflikt, der seine Ursache in emotionalen Krisen des Zweifels, der Depression und Schuld hatte. Ihn beschäftigte mehr ein äußerliches Problem über die traditionellen Lehren des Mahayana Buddhismus, ein philosophisches Puzzle, das von einem offensichtlichen Widerspruch der Mahayana Lehre und Praxis aufgeworfen wurde. Anders ausgedrückt, Dogen selbst war nicht das Problem. Es gibt nirgends eine Andeutung, dass er sich vom buddhistischen Weg distanziert hätte, auch von inneren Kämpfen oder von seelischen Schmerzen ist nirgendwo die Rede. Auf der Suche nach Antworten für seine Fragen erlebte er kein Gefühl von Verlorenheit, Ausweglosigkeit oder Verdammung. Diese Erfahrungen scheinen ihn nicht gequält oder in die Tiefen der Melancholie oder Verzweiflung getrieben zu haben. Er beschäftigte sich mit Themen auf eine Weise, welche William James als eine „geistig gesunde" Herangehensweise bezeichnen würde: fragend, erforschend, prüfend, durchsiebend, herausfordernd und zu einer Lösung hinarbeitend.

Ganz anders als Hakuin litt Dogen nicht unter einer Seelenkrankheit oder einem geteilten Selbst. Sein Glauben an die Wirksamkeit des „einsgerichteten intensiven Sitzens" selbst ist Zeugnis dafür, dass er nicht unter einem geteilten Selbst, das sich in zwei verschiedene Richtungen aufspaltet, oder des geistigen Zustandes einer kranken Seele gelitten hat, die gegen das Vertrauen und die Zielstrebigkeit arbeitet, die Dogens Weg charakterisiert. Hakuin spricht zwar auch von unerbittlicher Entschlossenheit und empfiehlt, sich mit seinem ganzen Dasein in das Koan zu versenken. Doch ist dies, so wie es war, der *negative* Weg. Dafür ist ein Zustand einer Seelenkrankheit oder eines geteilten Selbst nötig – oder es fördert die Bildung eines solchen – und konzentriert diesen Zustand in der Meditation auf ein Koan; es bringt diesen Zustand zu einem Durchbruch, danach können sich neue Erkenntnisse und Lösungen ergeben. Dogens Ansatz ist der *positive* Weg, welcher auf einem starken Gefühl der Natürlichkeit, Richtigkeit und Gutherzigkeit gründet. Anstatt damit zu beginnen, sich auf Täuschung und Illusion zu konzentrieren, auf Zweifel und Widerspruch, und diese in einem Koan zu fokussieren, besteht Dogens Methode in der Konzentration auf das Vertrauen in die fundamentale Reinheit und Einheit der eigenen Natur.

In diesem Sinn war Dogens „Koan" genau die Lehre und Praxis des Mahayana Buddhismus selbst, sowohl in der Tendai- als auch der Rinzai-Form. Aber die Lösung, bei der Dogen ankommt, ist nicht die der zweimal-geborenen Erfahrung. Seine Lösung ist, dass die spirituelle Praxis des Buddhismus nicht zu höheren Zielen von Bodhi, Buddhaschaft oder Nirvana führt. Sondern die spirituelle Praxis ist *in sich selbst* das Ziel des Buddhismus. Sie ist überhaupt kein Mittel, sondern in sich der Selbstzweck. Zazen – welches für Dogen die Essenz der buddhistischen Übung darstellt – ist keine Technik, mit der man etwas suchen und finden kann. Es ist auch kein Mittel der Konzentration auf etwas oder dem Kampf mit einem Koan, was dann wiederum ein Durchbruchsmittel zu Erkenntnis werden kann. Dies wäre wie ein Behelfsmittels (zazen) für ein weiteres Mittel (Koan Beobachtung) zu einem Ziel (Erleuchtung), welches wiederum ein Mittel zur Erlangung der Buddhaschaft und von Nirvana wäre. Für Dogen bedeutet das Sitzen in Meditation eine Übung um der Sache selber willen. Anders ausgedrückt: so sitzen Buddhas.

Ebensowenig ist es das Ziel, die eigenen Gedanken und Sichtweisen radikal zu verändern. Eher ist es so, dass es da gar kein Ziel gibt. Wenn die eigene ursprüngliche Natur erleuchtet ist, Buddha ist, dann gibt es nichts, das man suchen müsste, es gibt nichts, das man erlangen müsste. Es ist das, was wir im Grunde schon sind. Danach zu suchen, was man bereits besitzt, ist - wie mit den Worten von Po-chang ausgedrückt – „den Ochsen reiten auf der Suche nach dem Ochsen". Dies bezieht sich auf die Parabel der Ochsen-Bilder, in der ein Bauer meint, seinen Ochsen verloren zu haben, seinen Ochsen besteigt und auf ihm reitend die Landschaft nach ihm absucht. Um eine zeitgemäße Analogie zu verwenden, die Suche nach Bodhi [Erwachen], Buddhaschaft und Nirvana ist wie die Suche nach der eigenen Brille, während man sie auf der Nase trägt. Eine solche Suche kann nur dadurch beendet werden, dass man damit aufhört. Dies ist für Dogen die eigentliche Erkenntnis von *Kensho*, „seine eigene Wesensnatur zu erblicken". Und es befindet sich in vollster Übereinstimmung mit den historischen Prinzipien des Ch'an und des Taoismus über das Nicht-Suchen (*wu-chin*) und Nicht-Handeln (*wu-wei*).

Das „Erreichen, was Nicht-Erreichen ist", was Dogen in China erkannt hatte, drückte er humorvoll nach seiner Rückkehr aus. Bei den Feierlichkeiten zur Eröffnung einer Meditationshalle, die Dogen gebaut hatte, sprach er darüber, was er von seinen Erfahrungen und Studien im Ausland gelernt hätte: „Ich verstand vollkommen, dass meine Augen horizontal und meine Nase vertikal angeordnet sind. Ich kehrte nach Japan ohne ein einziges Sutra zurück. Daher habe ich keinen Buddhismus anzubieten."

Dogens vermeintlicher „Großer Zweifel" und Satori

Nach Dogens Tod 1253 entdeckte sein Haupt-Schüler Ejo das Tagebuch, das Dogen aufbewahrt hatte (das *Hokyo-ki*). Es war sicherlich niemals zur Veröffentlichung bestimmt. Dogen benutzte es, um die Worte des verehrten Meisters zu seinem Gebrauch und zur Führung seiner eigenen Schüler zu bewahren. Es enthielt die Antworten, welche Meister Ju-ching Dogen gegeben hatte und seine Anweisungen aus der Zeit von 1225-1227. Aus den Aufzeichnungen geht hervor, dass Dogen sehr wissbegierig war und viele Fragen hatte. Von den Übersetzern wurde ein Thema als für Dogen zentral herausgegriffen, das dann mit Hakuins Großem Zweifel verglichen wurde. Doch ist es lediglich eines unter vielen, die Dogen beschäftigten. Untersucht man Dogens Fragen, stellt man fest, dass sie nicht durch Zweifel oder Verzweiflung begründet waren, sondern durch das Vertrauen in die Suche nach Verständnis. Es waren neugierige Fragen, keine verzweifelten.

Dogens erste Frage, die er in seinem Tagebuch notiert hat, bezog sich auf die Korrektheit der Zen-Lehren, was die Übertragung des Dharmas außerhalb der Schriften betrifft. Ju-chin bestätigte mit seiner Antwort die Übermittlung außerhalb der Schriften (d.h. die Erfahrung der Wahrheit durch Meditation unter einem authentischen Meister), doch betonte er die Wichtigkeit Buddhas schriftlicher Lehren. Wie Ju-chin auch in einem späteren Dialog verdeutlichte: „Die heilige Stille und die heiligen Lehren gehören zusammen". [10]

Dogens zweite Frage hatte mit den Fragen und Antworten selbst zu tun. Die bekannten Zen Themen der Wortlosigkeit des Dharma und seine nicht-herbeigeführten Erfahrungen zitierend, fragte Dogen, ob die non-verbalen Methoden, für die die Zen Meister berühmt sind, im Einklang mit dem Weg der Buddhas und Vorfahren stehen. „Die Meister heben ihre Fäuste oder Fliegen-Wedel, brüllen laut oder versetzen einen Schlag mit dem Stock. Sie bemühen sich nicht, ihren Schülern zu erklären, was sie meinen. Noch erlauben sie ihnen nachzufragen, wie Buddhas den Menschen die Augen öffnen."[11] Der Zusammenhang, in dem diese Frage und viele der notierten Dialoge zwischen Dogen und Ju-ching gesehen werden muss, ist folgender: Obwohl Ju-ching entschieden die stille Meditation befürwortete und nicht die *Nembutsu-* oder Koan-Meditation benutzte, ermutigte er trotzdem ernst gemeinte Fragen und gab bedachte Antworten. Zum Beispiel beginnt das *Hokyo-ki* mit der Bemerkung, dass es, wenn er [Dogen] auch ungelegen kam oder nicht angemessen gekleidet war, was dieser bescheidene Mann aus dem weit entfernten Land am meisten wollte, war, das Quartier des Abtes häufig aufzusuchen und Fragen zu stellen, wie dreist sie auch sein mochten." [12]

Dogen berichtet dann, wie sich Ju-ching voller Mitgefühl und Anteilnahme „Dogen erbarmte und ihm auf seiner Suche des Weges und Dharmas Gehör verschaffte." Tatsächlich ermutigte Ju-ching Dogen zu jeder Zeit zu ihm zu kommen und seine Fragen zu stellen. „Dogen, du musst von nun an Belehrung suchen, ob während der Nacht oder des Tages, ob in formeller Mönchsrobe gekleidet oder nicht. Komme ohne Einschränkungen zur Abtunterkunft, um nach dem Weg zu fragen. Ich will dir immer deinen Mangel an Schicklichkeit nachsehen wie es ein Vater tun würde."[13] Dogen nahm die seltene Einladung eifrig und glücklich an und kam von da an mit einem scheinbar endlosen Fluss von Fragen. Wie jeder große Lehrer war Ju-ching hocherfreut über einen Schüler, der nicht nur viele Fragen hatte, sondern die zudem noch durchdringend und tiefgründig waren.

Bei einer Gelegenheit rief er aus: „Hervorragend, dass du diese Frage stellst. Niemand vor dir hat diese Frage gestellt, und daher kennt auch kein anderer die Antwort. Dies ist es, was guten Lehrern fehlt. Als ich mich im Kloster des früheren Meisters auf dem Hsueh-tou Berg befand, stellte ich die gleiche Frage, und der frühere Meister war darüber ungemein erfreut."[14]

Der vermeintliche „Große Zweifel" Dogens und der Versuch ihn dem Muster der Rinzai Erfahrung anzupassen, stammt nicht aus Dogens eigenen Aufzeichnungen. Seine Frage zur ursprünglichen und erworbenen Erleuchtung, obwohl für ihn ein zentrales Thema (was es generell im Mahayana Buddhismus dieser Epoche war), war lediglich eine unter vielen seiner Fragen mit beachtlicher Bandbreite, über die Natur des Dharma bis hin zu Mönchsroben. All seine Fragen zeigen, was für ein brillanter Forscher und Denker er war, immer energiegeladen und zu begeistern, wie ein Kind im Wunderland, das nach allem fragt: „Was?" und „Warum?".

Einige Fragen beschäftigten Dogen über einen längeren Zeitraum mehr als andere und konnten nicht so einfach geklärt werden. Das Problem der ursprünglichen/erworbenen Erleuchtung war eine davon, und sicherlich ein zentrales Thema für ihn. Dennoch behandelte Dogen es nicht wie ein Koan. Er wandelte es auch nicht in ein Koan um oder sah es als ein den Zweifel intensivierendes Mittel an. Genauso wenig verstand er es als Verdichtung und Konsequenz einer falschen und getäuschten Art und Weise des Denkens. Auch die Antworten, zu denen er kam, sind nicht das Ergebnis einer plötzlichen Erleuchtung im Sinne eines Satori. Vielleicht kann man die Lösungen, auf die er immer wieder kam, eine Art *Kensho* nennen, einen Einblick in seine innewohnende Natur. Aber diese Lösungen scheinen nicht die Art der dramatischen Erfahrung zu beinhalten, wie Hakuin sie beschreibt.

Takashi Kodera bezieht sich wiederholt auf diese Gruppe von Themen als Dogens „Großem Zweifel". Aber dies ist ziemlich irreführend, denn er interpretiert damit Dogens Erfahrung in Begriffen Hakuins zweimal-geborener Erfahrung und Dogens Verständnis aus Sicht der Lehren und Methoden eines Rinzai Meisters. Dogen fand im Grunde *keine* zufriedenstellenden Antworten auf seine vielen Fragen, weder in der Zeit seines neunjährigen Rinzai-Studiums in Japan, noch in den zwei Jahren weiteren Rinzai- (Lin-chi) Studiums in China. Nur unter Ju-ching fand er Antworten, die für ihn hilfreich und akzeptabel waren. Es waren größtenteils mündliche Antworten auf seine Fragen, nicht koanmäßige Erkenntnisse, die sich durch den Zusammenfall von Fragen und Antwort ergaben. Wie schon erwähnt, Ju-ching sagte, dass es exzellente Fragen waren, Fragen, die gestellt werden mussten, Fragen, die von weniger motivierten und begabten Mönchen nicht gestellt wurden. Und offenkundig fand Dogen in Ju-chings Ausführungen hervorragende Antworten.

Einer der Gründe dafür, warum Dogen so lange Zeit so viele Fragen stellte, war nicht etwa, dass er ein „zweifelnder Thomas" gewesen wäre, er war ganz im Gegenteil ein neugieriger und fragender Charakter. Er war vom Zustand des Buddhismus in Japan ziemlich enttäuscht und hatte zu keinem der japanischen Meister volles Vertrauen. Da der japanische Buddhismus vom Chinesischen Buddhismus herrührte, war es für ihn nur natürlich, den Horizont seiner Suche zu erweitern und nach China zum Studium zu gehen. Er wünschte sich aus der Tiefe seines Herzens, einen Meister zu finden, von dessen Lehren man ohne Zweifel behaupten konnte, dass sie authentisch sind, und dessen aufrichtige Hingabe an den Buddha Weg unverkennbar war. Oft beklagt sich Dogen in seinen Aufzeichnungen über den konfusen und degenerierten Zustand des Buddhismus zu seiner Zeit – In diesem Punkt pflichtete er den Lehren anderer Schulen über das Degenerierte Zeitalter bei. Für ihn war dies jedoch keine Unvermeidlichkeit der Geschichte. Er wollte unbedingt einen vollkommen authentischen und überzeugenden Buddhismus wiederentdecken und wiedererrichten. Wenn Dogen überhaupt irgendwelchen „Großen Zweifel" gehabt hat, dann war es Zweifel über die Authentizität und Glaubwürdigkeit von vielen Dingen im Buddhismus der damaligen Zeit. Er war nicht durch Zweifel über den Buddhismus oder sich selbst motiviert. Es war nicht Hakuins „existenzieller Zweifel", sondern ein empirischer Zweifel; er zweifelte an vielem, was er sah und hörte.

Dazu passt, dass Dogen den Großen Zweifel niemals zu einer Vorbedingung für Erleuchtung machte. Er setzte auch keine Methoden ein, - ob Koan, Schreien, Schlagen etc. -, um eine Entwicklung in Gang zu bringen, zu fördern oder sie zu einem Höhepunkt zu treiben. Für Dogen war, wenn überhaupt, das Gegenteil der Fall. Was für ihn von entscheidender Bedeutung war, war das Große Vertrauen, das Vertrauen in die Existenz einer authentischen Lehre, in authentische Lehrer, das unübertroffene Beispiel des Buddha, in eine ununterbrochene Übertragungslinie des Buddha-Dharma und in die eigene innewohnende Buddha-Natur. Dogen hätte nie der Idee zugestimmt, dass Zweifel der Erleuchtung vorangeht, oder dass, je größer der vorangehende Zweifel umso größer auch die Erleuchtung sein müsse. Für Dogen ist Vertrauen fundamental und das Vertrauen selbst ein Ausdruck der eigenen Buddha-Natur und der immanenten Erleuchtung.

Nicht nur von denjenigen, die Dogens Erfahrung und Lehre in Rinzai Begriffen deuten, wird behauptet, dass er jahrelang mit dem „Koan“ der ursprünglichen/erworbenen Erleuchtung rang und dadurch in den „Großen Zweifel“ hineingeworfen wurde. Es wird auch behauptet, dass Dogen sogar ein Rinzai-ähnliches Satori hatte, ausgelöst durch Ju-ching, als dieser den eingeschlafenen Mönch anschrie und dadurch Dogen zu einer Einsicht in Fragen brachte, über die er gegrübelt hatte. Das Entscheidende an dieser Geschichte ist nicht Dogens Gefühl der Freude über ein neugewonnenes Verständnis – das im Hinblick auf jedes Dilemma, über das man eine Weile grübelt, nur natürlich ist. Entscheidend ist, wie Juching seine Ermahnung an den schlafenden Mönch formulierte: „Im Zazen musst du dich von Körper und Geist befreien. Wie kannst du das durch einsgerichtetes intensives *Schlafen* erreichen?“ Was hier gewöhnlicherweise fehlt ist, dass der Satz: „einsgerichtetes intensives *Sitzen*“ eine zentrale Aussage in Ju-chings Lehren war und dass Ju-ching daraus ein Wortspiel generierte. Das durch kursive Schreibweise deutlich gemachte Wortspiel ist offensichtlich dasjenige, welches Dogens Einsicht auslöste.

Eine Wirkung des Wortspiels ist, dass bei „einsgerichtetem intensivem *Schlafen*“ die dualistischen Konzepte von Körper und Geist in Unbewusstheit gesunken sind und der Schläfer sich dieser gänzlich übergibt, „mit Körper und Seele“, um zu schlafen. Im Schlaf gibt es keine Unterscheidung, keine Trennung zwischen Körper und Geist. Aber es gibt dort auch kein Bewusstsein. „Einsgerichtetes intensives Sitzen“ (*chih-kuan ta-tso*, japanisch *Shikantaza*) ist dem Zustand eines Schlafenden ähnlich, nur in erhöhtem Bewusstsein, nicht in Unbewusstheit. Wenn man in der gleichen Totalität und Ganzheit von Körper-Geist wie dieser

Mönch in tiefem Schlaf sitzen würde, würde man voll und ganz im Buddha-Dharma sitzen.

Auf dieser Erkenntnis fußt Dogens eigene radikale Betonung von *Shikantaza* und seine Deutung davon als ein Ziel – das Sitzen innerhalb der eigenen Erleuchtung und Buddha-Natur – und nicht als ein Mittel zu Erleuchtung und Buddhaschaft. Dogen kommentiert diese Begebenheit im *Shobogenzo*: „Durch das Ablegen von Körper und Geist erhielt ich die direkte Übertragung und deshalb kehrte ich nach Japan zurück."[15] Als Dogen seine Erkenntnis Ju-ching mitteilte, gab dieser Dogen das Siegel der Anerkennung, indem er sagte: „Du hast tatsächlich Körper und Geist fallengelassen."[16]

Die zwei Sätze – „Ablegen von Körper und Geist" und „einsgerichtetes intensives Sitzen" – lösten das Dilemma bezüglich ursprünglicher und erworbener Erleuchtung. Die zwei Sätze sind wie die zwei Seiten des gleichen Geldstückes. „Einsgerichtetes intensives Sitzen" *ist* das Ablegen von Körper und Geist. Und in diesem Zustand zu sitzen, bedeutet, innerhalb der eigenen ursprünglichen Wesensnatur zu sitzen. „Einsgerichtetes intensives Sitzen" und das „Ablegen von Körper und Geist" sind Erscheinungsform und Bestätigung der eigenen ursprünglichen Wesensnatur. Sie können nicht erlangt werden, denn sie sind der zutiefst zugrunde liegende Seinsgrund.

KAPITEL IV

Philosophie der buddhistischen Bestätigung

Glaube nicht, dass du dir unbedingt deiner eigenen Erleuchtung bewusst sein wirst.

Shunryu Suzuki

Wenn das Zen von Rinzai und Hakuin die zweimal-geborene Erfahrung einer „plötzlichen Erleuchtung“ betont, begünstigt das einmal-geborene Zen von Ju-ching und Dogen vielleicht eine Herangehensweise der „allmählichen Erleuchtung“ – eine Position, die in der frühen Ch'an Historie entschieden abgelehnt wurde. Dogen vertritt jedoch die Auffassung, dass seine Position die der kompromisslosen Lehre der plötzlichen Erleuchtung ist; denn was könnte plötzlicher sein, als die eigene Erleuchtung und Buddha-Natur von Beginn der eigenen Praxis an zu akzeptieren und seine Praxis als ein Ausdruck dieser ursprünglichen Buddha-Natur zu betrachten. Andererseits wird Rinzai/Hakuin Zen trotz seiner Betonung der plötzlichen Erleuchtung und trotz der Versuche diese Erfahrung zu fördern, angesehen, als würde es auf eine allmähliche Erfahrung achten. Denn man erhält ein Koan, mit dem man ringt und wird durch verschiedene Anstöße angetrieben, alles in der Erwartung ein Satori nach einigen Wochen, Monaten oder Jahren zu erlangen. Und nachdem das erste Koan gelöst ist, erhält man ein anderes, um mit ihm weiterzuarbeiten und so weiter *ad infinitum*.

Dogens *Fukan zazen-gi* (Allgemeine Richtlinien für die Sitz-Meditation) enthält eine prägnante Aussage über die Einstellung, zu der er gelangt war. „Sitze nicht um ein Buddha zu werden", warnt er, „denn Buddhaschaft hat nichts mit Sitzen oder Liegen zu tun."[1] Diese Richtlinien hatte Dogen im Alter von 28 Jahren, gleich nach seiner Rückkehr aus China geschrieben. Er überarbeitete sie dennoch einige Male, was zeigt, wieviel Wichtigkeit er dem Inhalt und der Art der Formulierung beimaß.

> Der Weg ist von Grund auf vollkommen und überall vorhanden. Man muss den Weg weder suchen noch verwirklichen. Die Wahrheit, die uns weiterbringt, ist unübertroffen und erfordert keine Anstrengung. . . Im Grunde genommen ist die Wahrheit sehr nahe bei dir; musst du dann überhaupt auf der Suche nach ihr herumrennen? . . Das, was wir *Zazen* nennen, ist kein Weg Konzentration zu entwickeln. Es ist einfach der bequeme Weg. Es ist die Übung, die deine Erleuchtung vollständig ausmacht, es ist die Erleuchtung selbst. Es ist das Wirklichwerden der endgültigen Wahrheit. . .[2]

Demzufolge lehnt Dogen die verbreitete Vorstellung einer Hoffnung oder Erwartung, etwas in der Zukunft zu suchen, oder in einem anderen Leben, oder in der Ewigkeit, – irgendwo außerhalb des jetzigen Augenblickes – ab. Man muss sich nicht bemühen, den weit entfernten Horizont des Nirvana zu erreichen; man muss sich nur erlauben, den eigenen ursprünglichen Nirvana-Geist im gegenwärtigen Moment hervorkommen zu lassen. 700 Jahre später hat dies der zeitgenössische Soto Meister Taizan Maezumi folgendermaßen ausgedrückt: „Um was es in unserer Praxis geht, ist nicht etwas anderes zu werden, als das, was wir bereits sind. . . [sondern uns] der Tatsache bewusst zu werden, dass wir von innen her ursprünglich der Weg selbst sind, welcher frei und vollständig ist."[3]

Die Praxis einer gesunden Geisteshaltung

Hierin drückt sich ein religiöses Verständnis aus, das nach William James als die geistig gesunde, einmal-geborene Perspektive beschrieben wird. Man ist nicht grundlegend krank, sondern gesund; nicht sündig, sondern rein; nicht zerbrochen, sondern ganz; nicht in Unfreiheit, sondern frei; nicht im Irrtum, sondern in der Wahrheit. Es gibt einige Menschen, schrieb James, die mit einer „inneren Konstitution geboren wurden, welche von Anfang an harmonisch und ausgeglichen ist. Ihre Antriebe stehen miteinander in Einklang, ihr Wille folgt ohne Schwierigkeiten der Führung ihres Intellektes, ihre Leidenschaften sind nicht maßlos und in ihrem Leben gibt es wenig zu bedauern."[4] Für sie stellt Gutherzigkeit den zentralen und alles umfassenden Aspekt des Daseins dar. Anstatt sich in Übeln und Nöten der Welt zu baden, betonen sie „eher die Würde als die

Verderbtheit der Menschen."[5] Sie haben kein Bedürfnis danach, „die Weltseele von Grund auf neu auszurichten, denn wir sind bereits eins mit dem Göttlichen, wir brauchen kein Gnadenwunder und keine plötzliche Erschaffung eines neuen inneren Menschen."[6]

Dogen betont immer wieder, dass alle „den Samen für die Verwirklichung der Buddhaschaft"[7] besitzen und dass „eine Erkenntnis, so klein wie ein Staubkörnchen, uns zu guter Letzt zum richtigen Verständnis bringen wird."[8] Die Schlüsselwörter sind daher nicht Bekehrung und Wiedergeburt, sondern Vertrauen und Bestätigung; nicht Tod und Auferstehung, sondern Entwicklung und Reifung. Die Betonung liegt dementsprechend nicht auf einer Ausrottung der eigenen irregeleiteten und üblen Neigungen, noch auf der Förderung des Zweifels an dem, was man ist und denkt und sich vorstellt, sondern auf der Förderung der eigenen natürlichen Neigung zu Gutherzigkeit und Harmonie.

Wie in solchen christlichen Gemeinschaften, bei denen der Eintritt in den Glauben und in das Leben der Kirche während der Kindheit durch das Sakrament der Taufe vollzogen wird, im Unterschied zu denjenigen, die auf einer persönlichen Bekehrung im frühen Erwachsenenalter und dem öffentlichen Bekenntnis durch die Taufe des Gläubigen bestehen, ist das Thema nicht eine Erneuerung, sondern eine Bekräftigung. Man wird gefördert im Vertrauen und der Praxis, die beständig bestätigt. Im *Gakudo yojin-shu* (Punkte der Aufmerksamkeit im buddhistischen Training) benutzt Dogen die Analogie der ihre Jungen aufziehenden Tiere. Die verschiedenen Buddhas so heißt es, fördern aus Mitgefühl ebenfalls diejenigen, die „die Kinder des Buddhas" sind, sie helfen ihnen sich zu entwickeln und in ihrer Praxis des buddhistischen Weges voranzukommen. Wer den

Buddhismus praktiziert, beginnt in diesem Vertrauen, das immer wieder durch die Praxis gefestigt wird. Daher hat Dogen eher den Ausdruck *Sho* (Bestätigung, Anerkennung) als *Satori* oder *Kaku* (Erwachen) verwendet.

Meister Tai-chu (Daishu) hat im 9. Jahrhundert schon Dogens Worten vorgegriffen: „Wenn es von Beginn keine Unfreiheit gibt, was macht es dann für einen Sinn Befreiung zu suchen? Handle wie du möchtest, schreite nach deinem Gefühl voran – ohne einen zweiten Gedanken. Dies ist der unübertroffene Weg."[9] Dogen betont, dass wir nie Fremde auf dem Weg des Buddha sind, sondern bereits von Beginn an Kinder des Buddha. Er erklärt sogar noch weitreichender, dass „es im gesamten Universum nicht ein einziges Objekt gibt, das getrennt von der Buddha-Natur wäre." Wer sich daher mit Zazen beschäftigt, „wird sich unabhängig von seiner Intelligenz selbstverständlich zur vollen Blüte entwickeln".[10] Die Aufgabe besteht nicht darin zu versuchen, etwas anderes zu werden als wir bereits sind, sondern uns zu erlauben unsere Buddha-Natur zu bekunden und sie selbst (*Genjo*) zu verwirklichen und so im Dharma bestätigt (*Sho*) zu werden.

Über die, die ekstatische Erfahrungen und plötzliche Umwandlungen suchen, sagt Dogen: „Sie sind wie ein Sohn, der seinen Vater und seines Vaters Reichtum aufgibt und von zu Hause fortläuft. Obwohl sein Vater reich ist und er als einziger Sohn eines Tages alles erben wird, wird er zum Bettler und sucht sein Glück an weit entfernten Orten."[11] Dogens verlorener Sohn sucht andernorts, nämlich das, was nach Geburtsrecht bereits ihm gehört und das Haus, auf das er lediglich einen Anspruch erheben muss.

Nach Dogen ist es demnach angebracht, sich daher in einer nicht-suchenden Geisteshaltung mit Zazen – und allen anderen

Aktivitäten – zu beschäftigen, erstens weil man etwas sucht, was man bereits ist, und zweitens, weil Nicht-Streben und Nicht-Begehren die Essenz des Weges und der Zustand des eigenen wahren und ursprünglichen Wesens sind. Nach etwas zu streben, was man für sich selbst haben möchte, steht im Widerspruch zum Ziel, das man für sich beansprucht, nämlich den Zustand des Nicht-Strebens, Nicht-Begehrens und Nicht-Selbst. In Dogens *Fukan zazen-gi* wird von Anfang an betont, dass „es nicht notwendig ist, zwischen ‚Praxis' und ‚Erleuchtung' zu unterscheiden. Die höchste Lehre ist frei von allem, warum sollte man die Methoden, sie zu erlangen, studieren? Überflüssig zu erwähnen, dass der Weg weit entfernt von jeder Täuschung ist. Warum soll man sich dann um Methoden, Täuschung zu beseitigen, Gedanken machen? Der Weg ist genau jetzt hier, wo du dich im Augenblick befindest, welchen Nutzen hat dann die Praxis oder Erleuchtung?"[12]

Erleuchtung und damit die Wahrheit zu suchen, welche die Erleuchtung beschert, bedeutet, dich von der Erleuchtung und der Wahrheit abzutrennen. Denn der erleuchtete Zustand ist ein Zustand des Nicht-Suchens und Nicht-Strebens, der jedem von uns schon innewohnt. Daher bemerkt Dogen im Kapitel *Genjokoan*: „Zu Beginn, wenn du noch die Wahrheit suchst, hast du dich von ihrem Bereich entfernt. Doch, wenn die Wahrheit dir dann richtig übermittelt wird, bist du sofort die ursprüngliche Person."[13] Diese „ursprüngliche Person" (*Honbunnin*) ist die eigene Buddha-Natur, oder in Hui-nengs Worten „dein ursprüngliches Gesicht bevor du geboren wurdest."

Oder wie T.P. Kasulis es formuliert: „Zu behaupten, man praktiziere Zazen um erleuchtet zu werden, ist wie wenn man sagt, man praktiziere Medizin, um Arzt zu werden. Medizin praktizieren, bedeutet Arzt *sein*. Zazen praktizieren, bedeutet erleuchtet *sein*. Erleuchtung ist nicht ein statischer Zustand einer Errungenschaft; es ist das aktive Aufsichnehmen des Weges, veranschaulicht in Zazen."[14] In Zazen sitzt man inmitten des nicht-reflektierenden Zustands von Nicht-Gedanke und Nicht-Begehren, auf den Dogen sich mit dem Begriff *hishiryo* (ohne Denken) bezieht oder der mit dem traditionellen Begriff *mushin* (Nicht-Geist) bezeichnet wird. Wenn man sein Leben mit der Meditation über Koans verbringt, ist man selten in diesem Zustand, denn die Aufmerksamkeit der Gedanken und Bemühungen sind konstant auf das Koan gerichtet, vermutlich um sich selbst in den Zustand des Nicht-Geistes zu projizieren, aber in Wirklichkeit verwendet man den Großteil der Zeit und Energie darauf, außerhalb dieses Zustandes zu leben.

Erleuchtung ist für Dogen kein Ereignis oder eine Reihe von Ereignissen, die durch Koan-Arbeit herbeigeführt wird, bei der man plötzlich auf das Licht stößt, während man ansonsten in Dunkelheit sitzt, sondern sie ist eher das Licht innerhalb dessen man sitzt, lebt, sich bewegt und sein Dasein führt. Man sollte nicht von „erleuchtet sein", sondern von „erleuchtetem Sein" reden. Erleuchtet sein weist auf eine Errungenschaft oder eine Bewegung von einem Haus zu einem anderen hin. Erleuchtetes Sein ist das eigene wahre Zuhause und der Zustand des Seins.

Damit soll allerdings nicht ausgedrückt werden, dass es keine Unterschiede zwischen spirituellen Meistern und dem Mönchsneuling gibt, oder zwischen Buddhas und Nichtsnutzen. Als Dogen Ju-ching fragte, ob es richtig sei zu behaupten, dass alle fühlenden Wesen in Wahrheit erwachte Buddhas wären, erwiderte Ju-ching: „Zu behaupten, alle fühlenden Wesen wären ursprünglich Buddhas, ist das Gleiche wie an die Irrlehre des spontanen Entstehens zu glauben [statt als an das ‚Abhängige Entstehen']. Wir können nicht ohne Einspruch zulassen, dass manche ‚ich' und ‚mein' mit den Buddhas vergleichen, und das Nicht-Erlangte als Erlangtes und das Unerfahrene als Erfahrenes auffassen."[15]

Dogen spricht dieses Thema später im Kapitel *Bendowa* an und sagt: „alle sind komplett damit ausgestattet [mit der Buddha-Natur], aber wenn sie nicht praktiziert wird, zeigt sie sich nicht, und wenn sie nicht verwirklicht wird, gibt es nichts, was erreicht wurde."[16] Hier finden wir eine Unterscheidung, die an die aristotelische Unterscheidung zwischen Potentialität und Aktualität erinnert. Jeder hat das Potential des vollen Verstehens, aber wenn es nicht in Praxis umgesetzt und individuell realisiert wird, wird es nicht aktualisiert. Es verhält sich, als sage man, dass jeder mit spirituellen Muskeln ausgestattet ist, aber diese Muskeln müssen benutzt werden. Sie müssen erfahren, entwickelt und eingesetzt werden.

Bei der Diskussion über die Bedeutung eines authentischen Lehrers im *Gaduko yojin-shu* benutzt Dogen die Analogie eines Handwerkers und seinem Material. Der ehrgeizige Schüler ist wie ein Holzblock, der ein Potenzial aufweist, eine schöne Schnitzerei in den Händen eines Meister-Schnitzers zu werden. Selbst das feinste Material kann nicht ohne die Hilfe eines guten Handwerkers zu einem fertigen Stück werden. Dementsprechend weist Dogen die Auffassung einer „spontanen Verwirklichung" zurück – d.h. ohne das Vertrauensverhältnis zu anderen, die den Weg des Buddha verwirklicht haben und in einer historischen Linie mit ihm verbunden sind. Ohne einen Zugang zu den authentischen Lehren aus Buddhas Zeit geht es nicht. Diesen Grundsatz zu ignorieren, bedeutet gegen die buddhistische Lehre des Abhängigen Entstehens zu verstoßen. Der Weg des Buddha ist die gelebte Erfahrung, übermittelt und bestätigt von Person zu Person. Die Wahrheit, der Weg, ist bereits in jeder

Person vorhanden, aber er muss zu Realisation und Erscheinung werden. „Alle Buddhas, große Bodhisattvas und fühlende Wesen lassen den Großen Weg des *Dharmata* durch die Kraft des eigenen Wissens, das von Natur aus in ihnen vorhanden ist, klar aufscheinen. Den Sutras oder Meistern zu folgen und den Großen Weg des Dharmata klar zu zeigen, ist das klare Aufscheinen der eigenen Erkenntnis."[17]

Von der Erleuchtung zur Meditation

Der erste Abschnitt im Leben des Buddha könnte die Sichtweise des zweimal-geborenen Zen sehr gut untermauern, und genauso wird diese Lebensphase des Buddha auch von der Rinzai Schule verstanden. Die allgemein übliche Interpretation der Buddha-Geschichte besagt, dass Gautama sechs Jahre lang vergeblich nach dem Frieden des Geistes suchte, desillusioniert über das Palastleben und durch den Anblick von Alter, Krankheit und Tod ernüchtert, fast zu Tode kam in seiner verbissenen Suche und dann letztendlich nach einigen übermenschlichen Kämpfen unter dem Bodhi Baum zur Erleuchtung kam. Dies ist sicherlich die Lesart, wie sie von Hakuin zu hundert Prozent übernommen wurde. Doch Dogen liefert seine eigene Version, die zu seinem einmal-geborenen Typus der religiösen Erfahrung und zu seinem Verständnis passt. Die sechs Jahre, die Buddha in der Wildnis verbrachte, sieht er nicht als Buddhas Suche nach Erleuchtung, sondern als ein Ausdruck seines präexistenten Dharmas. In Dogens „Grundlagen der Meditation", dem *Fukan zazengi*, spricht er von dem Buddha als einem, „der alle Dinge so sah, wie sie wirklich in ihrer eigenen erleuchteten Natur waren, und dennoch praktizierte er sechs Jahre lang Zazen."[18]

Diese Lesart wird nach Dogen, zusätzlich durch das Beispiel von Bodhidharma bestätigt, der, so sagt man, als Erster die Zen Praxis von Indien nach China brachte. Nach seiner Ankunft in China begann Bodhidharma nicht etwa aktiv zu missionieren und von einem Ort zum anderen zu wandern, sondern er ging statt dessen in die Berge und meditierte dort neun Jahre lang, indem er die Wände einer Höhle anschaute. Wenn Bodhidharma neun Jahre auf der Suche nach Erleuchtung meditiert hätte, welche Weisheit hätte er dann aus Indien mitgebracht? Und warum kam er dann den ganzen Weg aus Indien auf der Suche nach Etwas, das seinen Ursprung in Indien hat? Daher muss nach Dogens Meinung Bodhidharmas Meditation nicht als der Weg *zur* Erleuchtung, sondern als Weg *der* Erleuchtung angesehen werden. Bodhidharmas neunjährige Meditation vor einer Wand war kein Auftakt zu seinem Erwachen oder Vorbereitung auf seine Missionsarbeit. Dieses war seine Botschaft und seine Übermittlung von Bodhi [Erwachen] und Dharma.

In diesem Sinne kehrte Dogen die traditionelle Reihenfolge von Ethik, Meditation und Erleuchtung um. Es wurde allgemein so verstanden, dass die Einhaltung der Tugendgebote des Buddha die Voraussetzung für eine einwandfreie Meditationspraxis war, welche wiederum die Voraussetzung für Erleuchtung darstellte. Doch würde eine solche Reihenfolge nur jene Probleme, von denen die Erleuchtung vermutlich befreit, nämlich: Selbst-Suche, Begehren, Anhaftung und die dualistische Aufspaltung der Erfahrung in Subjekt und Objekt, Mittel-Zweck-Analyse, Gegenwart und Zukunft, nichtbesitzen und besitzen, wieder verstärken. Weiter fragt Dogen, wenn man meditiert und sich viele Jahre mit tugendhafter Reinigung beschäftigt, um die Erfahrung der Erleuchtung zu erreichen, zu welchem Zweck würde man mit der Meditation und dem tugendhaften Verhalten *nach* dieser Erfahrung fortfahren?

Dogen löst das Problem indem er die traditionelle Reihenfolge entgegengesetzt anordnet. Erleuchtung ist die Grundlage von Ethik und Meditation, beide sind der natürliche Ausdruck der Erleuchtung. Erleuchtung ist nicht das Ziel der eigenen Anstrengung, sondern sein Ausgangspunkt. Daher sollte man nicht „eine Verwirklichung getrennt von der Praxis erwarten, weil die Praxis direkt auf die ursprüngliche Verwirklichung hinläuft."[19] Es handelt sich um nichts anderes als „den erleuchteten Geist, welcher den Gedanken der Erleuchtung hervorbringt."[20] Einfach ausgedrückt wird damit gesagt, dass „nur die Buddhas Buddhas werden können" (*yuibutsu jobutsu*). Ebenfalls meint Dogen, dass das traditionelle Schema der Siebenunddreißig Stufen zur Erleuchtung nicht als Stationen entlang eines Pfades verstanden werden sollten, sondern als die siebenunddreißig Tugenden *der* Erleuchtung. Im *Fukan zazen-gi* besteht Dogen darauf, dass „Zazen keine Schritt-für-Schritt Meditation" ist. Eher handelt es sich nur um eine einfache und bequeme Praxis eines Buddhas, die Verwirklichung von Buddhas Weisheit. Die Wahrheit erscheint, es gibt keine Täuschung."[21]

Wenn Zazen (oder Koan-Zen) ein Mittel zur Erleuchtung wäre, warum praktizierte der Buddha für weitere 50 Jahre nach seiner Erfahrung unter dem Bodhi Baum Zazen? Dogen antwortet darauf mit der Unterscheidung der Meditation für sich selbst (*jijuyu*) und der Meditation für etwas anderes (*tajuyu*). In ihrer Reinheit ist Meditation nicht ein Mittel für einen Zweck, sondern eine Freude über die eigene Dharma-Natur. Ihr Wert ist nicht, dass sie für etwas da ist. Sie ist die Selbst-Freude eines Buddha. Die korrekte Antwort auf die Frage, warum ein Buddha weiterhin Zazen praktiziert, ist, dass dies die natürliche Haltung und Aktivität eines Buddha ist.

> Sehr törichte Leute denken, dass wir, wenn wir den Buddhismus studieren, nicht am buddhistischen Weg ankommen, bevor unser Studium beendet ist. Das kommt daher, weil solche Leute nicht wissen, dass das Verkünden, die Praxis und die Erleuchtung des buddhistischen Weges innerhalb ihrer selbst vollkommen sind und alle Aspekte des Weges enthalten. Sie sagen, dass nur die, die sich in Täuschungen verloren haben, den buddhistischen Weg praktizieren und große Erleuchtung erlangen müssen. Sie wissen nicht, dass sogar diejenigen, die sich nicht in Täuschung befinden, den buddhistischen Weg eifrig üben.[22]

Man kann das anhand der Malerei verdeutlichen. Man mag ein Leben lang malen, und dies als eine Freisetzung von inneren Spannungen und Konflikten benutzen, als eine Art Therapie. Aber man kann auch als natürlicher Ausdruck der eigenen inneren Harmonie malen, weil es einem Freude bereitet. Das Malen um des Malens willen ist die höchste Stufe der Kunst, da das Ziel im gegenwärtigen Augenblick des Tuns liegt und kein Ziel außerhalb seiner selbst in irgendeinem künftigen Moment hat. Malerei als Ausdruck innerer Harmonie, oder Harmonie mit dem Gegenstand, den man malt, und der Jahreszeit (zwei grundlegende Prinzipien der Zen-Kunst) wird als eine höhere Stufe der Kunst angesehen, als die Malerei zum Ausdruck von inneren Spannungen oder Konflikten mit anderen. Während Rinzai Zen das Zazen und das Koan als Konzentration auf innere Spannungen und äußere Konflikte benutzt, um diese Disharmonien zu einem Durchbruch zu bringen, ist Dogen der Meinung, dass Zazen der eigentliche Ausdruck innerer Harmonie und Ruhe ist.

Ein Lieblingssatz Dogens war *honsho myoshu*, die „wundervolle Praxis der immanenten Erleuchtung". In seinem Aufsatz über klösterliches Training (*Gaduko yojin-shu*) ermahnt er: „Praktiziere den Buddhismus nicht zum eigenen Gewinn, für Ruhm oder Profit, auch nicht für Belohnung oder magische Kräfte. Praktiziere den Buddhismus einfach um des Buddhismus willen; das ist der Weg." Oder nochmals: „Um freudig im Samadhi zu verweilen, ist das aufrechte Sitzen in Meditation das richtige Tor."[23]

Es stimmt, dass Dogen und andere Soto Meister vor und nach ihm Koans gesammelt haben und gelegentlich auf sie Bezug genommen oder sie in ihren Vorträgen verwendet haben. Im Soto ist das Koan jedoch eher ein Ausdruck des eigenen Verstehens (wenn von einem Schüler benutzt), oder als Siegel der Anerkennung über das eigene Verständnis (wenn vom Meister benutzt). Das Koan ist in diesem Zusammenhang die paradoxe Artikulierung des Dharma und die eigene Einsicht in diesen Dhama. Andererseits wird im Rinzai das Koan als Mittel, um Einsicht zu beschleunigen, verwendet und sobald sich ein bestimmtes Koan als geeignetes Mittel zur Einsicht erweist, wird ein anderes Koan zur Meditation und Lösung verordnet. Auch hier beobachten wir einen Unterschied im Muster, den wir inzwischen kennen. Im Rinzai treibt das Koan *in Richtung* einer Erkenntnis; im Soto kommt es *aus* einer Einsicht.

Als bekanntes Bild für die buddhistische Praxis und das Streben wird in der Geschichte des Buddhismus die Überschreitung des Flusses vom diesseitigen Ufer des Samsara zum „anderen Ufer" von Nirvana gebraucht. Das Boot, welches man zur Überfahrt auf die andere Seite benutzt, wird von den Lehren des Buddha und Vorfahren bereitgestellt und durch ihre Führung und die eigene entschlossene geistige Praxis kann man über die turbulente Strömung zum entfernten Ufer hinübertreiben. Über dieses bekannte Bild und die dazugehörige Geschichte sagt Dogen: „*Paramita* bedeutet ‚zum anderen Ufer hinüber gegangen'. Das andere Ufer wird ursprünglich nicht durch Kommen oder Gehen beschrieben. . . . Denke nicht, dass wir am anderen Ufer nach unserer Praxis ankommen. Wir praktizieren am anderen Ufer und daher kommen wir dort an."[24]

Jenseits des Dualismus

Während in der Rinzai-Schule die Konzentration das Mittel ist um dualistisches Denken zu durchkreuzen und den unterscheidenden Geist zu überwinden, ist nach Dogens Verständnis Zazen selbst dieser Zustand des Seins, in welchem man außerhalb aller dualistischen und unterscheidenden Gedanken sitzt. Diese Erkenntnis erlangte Dogen beim Hören von Ju-chings Worten zu dem schlafenden Mönch. Daher sagt er, dass im Zazen „dein Körper und Geist natürlich abfallen und deine ursprüngliche Buddha-Natur erscheinen wird. . . Durch die Kraft des Zazen ist es möglich, die Unterschiede zwischen ‚gewöhnlich' und ‚heilig' zu überschreiten. . . . Zazen ist eine

Praxis jenseits der subjektiven und objektiven Welt, jenseits des unterscheidenden Denkens."[25]

In der buddhistischen Tradition wurden Meditation und Weisheit oft als die zwei Säulen des Dharma angesehen. Wesentlich früher hatte der sechste chinesische Vorfahre, Huineng, dargelegt, dass Meditation (*ting*) nicht von Weisheit (*hui*) getrennt werden sollte. In seinem bemerkenswerten *Plattform Sutra* lehrte Hui-neng, dass sie „eine Einheit und nicht zwei Dinge wären. Meditation selbst ist die Substanz der Weisheit; Weisheit selbst ist die Funktionsweise der Meditation. Schüler passt auf und behauptet nicht, dass die Meditation Weisheit hervorbringt, oder dass Weisheit Meditation hervorbringt, oder dass Meditation und Weisheit verschieden voneinander wären. Diese Ansicht zu vertreten, setzt voraus, dass Dinge Dualität aufweisen."[26] Dualismus ist eins der Grundthemen im Zen, das sich selbst als grundlegend nicht-dualistisch ansieht. Für Dogen ist es ebenfalls sehr wichtig, Meditation und Weisheit in ihrer untrennbaren Einheit (*shusho itto*) zu definieren und alle irreführenden und verwirrenden Dualismen zu vermeiden: Praxis und Erleuchtung, Mittel und Zwecke, Gegenwart und Zukunft, Subjekt und Objekt, Körper und Geist, Vertrauen und Leben.

Besonders problematisch findet Dogen die dualistische Trennung des Lebens in religiös und weltlich, heilig und profan, bedeutend und banal. Im Kapitel *Bendowa* (Übung des Weges) des *Shobogenzo* weist Dogen die verbreitete Unterscheidung von geistigen und weltlichen Angelegenheiten zurück, als ob bestimmte menschliche Aktivitäten wie Meditation, Einhaltung der klösterlichen Gebote, Sutra-Rezitation und das Studium buddhistischer Texte, etc., heiliger und viel wichtigere Unterfangen als Kochen, Aufwischen, Gartenarbeit oder Holzsammeln wären. Dogen steht eindeutig in der Tradition vieler

Zen Verteidiger des Gewöhnlichen und Alltäglichen, solche wie Ch'ang-ch'ing („Komm trinken wir erst eine Tasse Tee"), Yunmen („Am Morgen einen Pflug ziehen, abends einen Rechen nach Hause tragen") und P'ang Chu-shih („Wie wundervoll ist dies, wie großartig! Ich schleppe Öl und schöpfe Wasser.").

Dogen besteht darauf, dass „es keine weltlichen Angelegenheiten gibt, die vom Weg zu unterscheiden wären." Im Kapitel *Senjo* bemerkt er, dass die sogenannten „hoheitsvollen Tätigkeiten" der Buddhas und Vorfahren nicht getrennt von oder erhabener seien als angeblich niedrigere Aktivitäten. Die Art und Weise, wie man die täglichen Aufgaben (Samu) ausführt, wie man sich Gesicht und Hände wäscht, selbst das Verhalten auf der Toilette, sind alle gleich wichtige „hoheitsvolle Tätigkeiten". An einer Stelle behauptet Dogen kühn: „Der Buddha findet auch eine Gelegenheit das Dharma Rad in der Latrine zu drehen!" Nichts befindet sich außerhalb des Buddha-Weges und innerhalb des Weges gibt es keine Dualität von höher und niedriger, heilig und profan.

Hier begegnet uns erneut eine Einstellung, die für den einmal-geborenen, geistig-gesunden Typ charakteristisch ist. Ein zeitgenössischer Soto Meister, Abt Obora, drückt Dogens Einstellung folgendermaßen aus: „Unser Buddhismus muss in jeder Bewegung der Hand und jeder Geschwindigkeit des Fußes offenbart werden. Die Nahrung muss genauso entschlossen gegessen werden, wie ein mächtiger Tempel erbaut wird, das Heben und Senken der Essstäbchen muss mit der Kraft erfolgen, die das Gesetzesrad bewegt. Nicht nur in wichtigen Angelegenheiten gibt es die große Manifestation - in den kleinsten Dingen müssen wir die Kraft, die das Universum durchdringt, erfassen."[27]

Als Dogen als junger Mönch China besucht hatte, passierte etwas, das seine Einstellung demgegenüber stark beeinflusste und wahrscheinlich auch die Lösung für die verschiedenen Dualismen, die ihn beschäftigten, vorbereitete. Dogen blieb noch mehrere Monate einquartiert auf dem Schiff. Während dieser Zeit besuchte ein älterer Zen Mönch das Schiff. Er war Hauptkoch eines 85 Meilen entfernten Klosters. Der alte Mönch war gekommen, um Pilze für seine Küche zu kaufen. Dogen lud ihn ein, über Nacht an Bord zu bleiben, aber der Mönch lehnte mit der Begründung ab, dass er so schnell wie möglich zu seiner Arbeit zurück müsse. Dogen war erstaunt darüber, dass nicht andere solche niederen Tätigkeiten ausführen könnten und dass ein Senior-Mönch immer noch in der Küche arbeiten müsse, anstatt seine freie Zeit mit Meditation oder anderen religiösen Aufgaben verbringen zu dürfen. Der Mönch lachte und meinte: „Vielleicht verstehst du die Praxis des Weges nicht, oder was Worte und Buchstaben bedeuten." Das Gespräch machte Dogen wach für die Erkenntnis, dass die Unterscheidungen zwischen „religiös" und „weltlich" und zwischen „erbaulich" und „untergeordnet" in die Irre führende Unterscheidungen sind – „Worte und Buchstaben", die trennen und unterscheiden.

Es verdient Beachtung, dass Dogen gleich nach seiner eigenen Klostergründung Eiheiji (1244) Werke wie das *Eiheiji jikuimmon* und das *Fushukuhampo* schrieb, das die Bedeutsamkeit der Vorbereitung und des Zusichnehmens von Mahlzeiten als Teil des Buddha-Dharma erklärte. Und wo sonst als im Zen würde man ein Buch wie Dogens *Tenzo kyokun* (Anweisungen für den Koch) finden? Darin beschreibt Dogen ausführlich seine Begegnung mit dem chinesischen Klosterkoch, was zeigt, welch tiefen Eindruck dieses kurze Treffen auf sein Verständnis der Praxis hinterlassen hatte.

Dogen war in der Hoffnung nach China gereist, die authentische Zen Lehre und Praxis aus erster Hand kennen zu lernen. An einer Stelle des Gespräches mit dem alten Koch sagte dieser: „Worte zu studieren, bedeutet den Ursprung der Worte zu verstehen; sich mit Disziplin zu beschäftigen, bedeutet den Ursprung der Disziplin zu erforschen."[28] Das Schlüsselwort in beiden Aussagen ist „Ursprung". Worte führen nicht zum Verständnis hin, sondern entstehen aus diesem heraus; Disziplin erreicht kein fremdes Ziel, sondern erhält seinen Impuls aus der eigenen ursprünglichen Natur. Man versteht nicht mehr oder macht die Praxis reiner dadurch, dass man weniger Zeit mit weltlichen Dingen wie z.B. Kochen, verbringt und dadurch mehr Zeit für Meditation, Rezitation und das Studium der Sutren hat. Alle Tätigkeiten, denen man sich mit seinem Buddha-Geist widmet, sind erleuchtete Handlungen und der Weg des Buddha.

Wie es Zen-Brauch in China ist, reihte Dogen das Amt des Hauptkochs unter die sechs höchsten Funktionen (chiji) im Kloster ein, eine Position, die vorher im japanischen Klosterleben noch unbekannt war. Mönche wurden angewiesen, einfachste Speisen ehrend zu bezeichnen: *on-kayu* (ehrenwerte Schleimsuppe), *on-toki* (ehrenwerter Reis), *on-shiru* (ehrenwerte Suppe). Gewöhnliche Gegenstände wie die Ess-Schalen der Mönche, werden als „wunderbare Utensilien" (*kidoku no chodo*) bezeichnet und ihr Gebrauch beim Essen ist ein „wunderbares Ereignis" (*kidoku no koto*). Dogen dichtete sogar einen Vers, der beim Zähneputzen gebraucht werden sollte.

Jeden Morgen beim Gebrauch der hölzernen Zahnbürste,
Möge ich mit den fühlenden Wesen geloben,
Die Zähne zu erhalten, damit sie stark genug sind,
Alle Illusionen zu zernagen.[29]

Ebenso zweifelt Dogen die Unterscheidung an, die in der buddhistischen Jodo-shin Schule zwischen dem Reinen Land (*jodo*) des Westlichen Paradieses von Amida und dem Beschmutzten Land (*edo*) dieser Welt des Samsara im degenerierten Zeitalter (*mappo*) gemacht wurde. Reinheit, Frieden und Buddhaschaft sind in *dieser* Welt, im *gegenwärtigen* Zeitalter, in diesem *Augenblick* der Zeit, innerhalb *eines selbst* zu finden. Das „Reine Land" ist nirgendwo anders als im „Beschmutzten Land" zu finden.

Auch war Dogen gegen das dualistische Verständnis von Nirvana und Samsara. „In Nirvana einzutreten, heißt in unsere geballte Faust einzutreten [die Handlungen unseres täglichen Lebens] und unser normales Leben auszuüben."[30] Der Kreislauf von Leben und Tod sollte nicht als etwas Schlechtes verunglimpft werden, oder als etwas angesehen werden, das abgelehnt und überwunden werden muss, sondern als eine großartige Chance angesehen werden. Nirvana andererseits sollte nicht als ein Zustand jenseits und außerhalb Samsara, betrachtet werden, den man dadurch erreichen kann, indem man die Welt hinter sich lässt. Der Zustand von Nirvana ist eine Lebensweise in der Welt von Samsara. „Verstehe nur, dass Geburt und Tod selbst Nirvana sind, und du wirst niemals das eine als Geburt und Tod hassen, oder das andere als Nirvana wertschätzen. Nur dann kannst du frei von Geburt und Tod sein . . . Diese derzeitige Geburt und der Tod selbst sind das Leben des Buddha. Wenn du versuchst sie aus Abneigung abzulehnen, verlierst du das Leben des Buddha. . . . Du erlangst nur dann den Geist des Buddha, wenn es keinen Hass und kein Verlangen gibt."[31]

Diese Sichtweise wird durch Identifikation der Buddha-Natur mit der Unbeständigkeit aller Dinge (*mujo*) weiter ausgeweitet. Buddha-Natur ist nicht eine Sache (Beständigkeit) und die

Unbeständigkeit von Samsara eine andere. „Unbeständigkeit ist Buddha-Natur" (*mujo-bussho*). Dass das Leben unbeständig ist, war natürlich von Beginn an eine grundlegende Lehre des Buddhismus. Aber oft wurde die Vergänglichkeit und ruhelose Bewegung dieser Welt als Gegensatz zur Beständigkeit und Unerschütterlichkeit des ewigen Bereichs von Nirvana gedeutet. Dogen lehnt diesen Dualismus ab, er besteht darauf, dass die Unbeständigkeit aller Dinge selbst die Buddha-Natur ist. Die Erkenntnis und das Anerkennen dieser Tatsache ist die Manifestation der Erleuchtung. Weder die Welt von Samsara abzulehnen noch an ihr anzuhaften ist die Freiheit und der Frieden von Nirvana.

Ebenso ist auch die Buddha-Natur nicht als Natur im Sinne einer beständigen Substanz zu verstehen. Sie ist kein ewiges Substrat, das wie die Tiefen des Ozeans unverändert bleibt, während sich alles, wie die auf der Oberfläche erscheinenden Wellen drum herum verändert – eine Position, nach der sich die indische Mystik ausgerichtet hatte. Buddha-Natur sollte als Leerheit (*sunyata*) verstanden werden. „Weil die Buddha-Natur leer ist, wird sie *mu* (Nicht-Sein) genannt."[32] Die Buddha-Natur ist nicht ein *„Etwas"*, das Lebewesen *besitzen*. Die gewohnte Lesart des Abschnittes im Nirvana Sutra „Alle lebenden Wesen *haben* die Buddha-Natur", wurde von Dogen in diesem Sinne neu übersetzt und liest sich: „Alle Wesen *sind* die Buddha-Natur." Buddha-Natur ist kein Gegenstand, den man besitzt, noch kann sie zu etwas, was erworben werden kann, gemacht werden. Sie ist grundsätzlich rein und frei, die universelle Leerheit aller Dinge.

Daraus ergibt sich, dass Dogen auch den Geist/Körper und Geist/Gegenstand Dualismus kritisiert. Die Funktion der ethischen und meditativen Praxis ist nicht, eine Kontrolle des Geistes über den Körper zu entwickeln oder den Geist vom Fleisch zu befreien, oder in Erleuchtung aus der Welt der Maya [Täuschung] heraus geführt zu werden. Geist oder Spiritualität sind nicht das Vehikel durch das man hoffen könnte, irgendwann einmal seinem Körper, der Materie oder der Welt als „Gefängnis der Seele" wie es in den Dualismen des Samkhya Yoga, Vedanta und den Platonikern heißt, zu entkommen. Die Unterscheidungen zwischen Geist/Körper, Geist/Fleisch, Ewigkeit/Zeit, Beständigkeit/Veränderung und Nirvana/Samsara sind genau die Dualismen, von denen man sich lossagen muss. *Dies* ist Maya: die durch dualistisches Denken hervorgerufenen Illusionen und Täuschungen.

Daher vertritt Dogen die Auffassung, dass die Begriffe *Zazen* und *Shikantaza* sich nicht allein auf die physische Haltung beziehen, durch die man versucht einen mentalen Zustand geistiger Erfahrung zu verwirklichen. Sie beziehen sich auf einen nicht-dualistischen Zustand des „Sitzens", in dem eben diese Dualismen nicht existieren. Man hat „nur zu sitzen", nicht nur wenn man die Sitzmeditation des Zazen ausführt, sondern bei allem, was man macht. Dies ist die volle Bedeutung von „Körper und Geist abzulegen". Unterscheidungen zwischen Geist und Körper, Gemüt und Fleisch, heilig und weltlich, bedeutend und banal, sind Abstraktionen von dem, was im Wesen eine Gesamtwirklichkeit ist. In dieser Gesamtwirklichkeit, und aus ihr heraus – welche im Grunde wahr, gut, rein und frei ist – „sitzt" man, d.h. man „wohnt" in ihr.

Genauso sind die heiligen Texte für Dogen nicht von der Welt zu trennen, wegzupacken, oder mit einem Schild zu versehen, als ob sie nichts mit der Welt oder dem Alltag zu tun hätten. Die Sutras bestehen nicht nur aus heiligen Worten von Shakyamuni Buddha oder anderen Buddhas, in diesem oder jenem Text niedergeschrieben, die in großartiger Abgeschiedenheit studiert werden sollen. Die Worte des Buddha können überall und in allen Dingen gefunden werden. „Dieses ‚Sutra' ist das Sutra des gesamten Universums – Berge, Flüsse, Erde, Gräser, Bäume, Selbst und andere. Es ist das Einnehmen von Mahlzeiten und das Tragen von Kleidung, die Arbeit des täglichen Lebens."[33]

KAPITEL V

Der Stillstand und der schlammige Teich

Die Unterschiede zwischen den Biographien und Lehren von Hakuin und Dogen hinterlassen uns ein bedeutendes Problem im Verständnis der Zen Tradition. Führen die einmal-geborenen und zweimal-geborenen Arten der religiösen Erfahrung und Auslegung zu radikal anderen Formen des Zen? Wenn man die dadurch entstehenden Konsequenzen dieser verschiedenen Lesarten der Zen Erfahrung betrachtet, scheinen sie in den Bereichen des Zen Trainings, der Lehrmethoden und den sie jeweils begleitenden Zen-Erfahrungen und -Einsichten bedeutend zu sein. Angesichts der zentralen Bedeutung von Meditation im Zen, nicht nur während der besonderen Meditationsstunden und intensiven Meditationsperioden (*sesshin*), sondern auch als meditativem Zustand innerhalb dessen man jeden aufeinander folgenden Moment zu leben hat, müssten sich diese Unterschiede auf die Gesamtheit des Zen Lebens auswirken.

Gemeinsamkeiten

Gleichzeitig können wichtige Gemeinsamkeiten festgestellt werden. Rinzai behauptet genauso wie Soto nicht-dualistisch zu sein, und beide sind sich darüber einig, dass die *Satori* Erfahrung selbst die Einheit ist, dass in ihr dualistische Denkweisen und Wahrnehmungen zusammenfallen und überwunden werden. Auch wenn Dogen den Dualismus in vielfältiger Weise unbarmherzig angreift, einschließlich den, der angeblich von der Rinzai Schule gepflegt wird, müssen doch einige Unterscheidungen entlang des Weges anerkannt werden, wie zum Beispiel solche, zwischen denjenigen, die sich ihrer Buddha-Natur bewusst sind und denen, die es nicht sind, denjenigen, die die richtige Lehre und Praxis anwenden und denjenigen, die das nicht machen, und denjenigen, die Meister und solchen, die Novizen sind, etc.. Es war Dogen, der sagte: „Obwohl der Dharma reichlich in jeder Person vorhanden ist, wenn man ihn nicht praktiziert, wird er nicht manifestiert; wenn es keine Verwirklichung gibt, ist er nicht erlangt.“[1]

Rinzai wie auch Soto stimmen überein, dass die eigene ursprüngliche Natur rein und erleuchtet ist, sie braucht nur aus den Tiefen des eigenen Wesens erweckt werden. Hakuin besteht zum Beispiel darauf, dass „Der Mensch mit der Weisheit und der Form des Buddhas ausgestattet ist. Es gibt nichts, was ihm fehlt. Jede Person ist mit diesem Schatzjuwel der Buddha Natur ausgestattet.“[2] Hakuins *Zazen Wasan* (Gesang zu Ehren von Zazen), welches gewöhnlich in Rinzai Klöstern gesungen wird, beginnt mit „Fühlende Wesen sind an sich Buddha“, und endet mit, „Eben dieses Land ist das Lotus Land, eben dieser Körper ist Buddha.“ Für Hakuin ist Satori eine Erfahrung, in welcher man eine „Bewusstheit des Wahren Selbst“ erlangt und im Kensho „präsentiert sich unsere eigene Ursprüngliche Selbst-Natur selbst in unmittelbarer Direktheit.“[3] Aber für Hakuin kommt diese Bewusstheit plötzlich nach einer Zeitperiode, in der man ziemlich von dieser Verwirklichung entfernt war, wenn man sich nicht sogar in die entgegengesetzte Richtung bewegt hat. In Anbetracht seines eigenen Falles sagt er, dass „es im Alter von 24 Jahren war, dass ich erstmals direkt die „Höchst Wichtige Angelegenheit“ dieser Selbst-Bewusstheit der Ursprünglichen Natur wahrnahm.“[4]

Rinzai wie auch Soto betonen die Überwindung der Unterscheidungen zwischen heilig und profan, Körper und Geist, bedeutungsvoll und banal. Kurz gesagt, beide pflegen die nichtdualistischen Ansichten. Lin-chi, der Gründer der Rinzai Schule, ermahnte seine Mönche mit Worten, die denen von Dogen ziemlich ähnlich sind: „Der buddhistische Weg erlaubt keine künstlichen Bemühungen. Er besteht nur aus der Handlung gewöhnlicher Dinge ohne großes Aufheben: zur Schule gehen, Wasser holen, Kleidung anziehen, eine Mahlzeit einnehmen, schlafen, wenn man müde ist. Lasst die Narren über mich lachen. Nur der Weise weiß, was ich meine. . . .“[5]

Rinzai und Soto teilen das, was in der sokratisch/platonischen Tradition die Lehre der Wiedererinnerung genannt wird. Beide glauben, dass sich die Wahrheit „innen“ befindet. Sie ist für jeden sofort erreichbar. Sie ist nicht hoffnungslos verloren oder deformiert, dass die rettende Gnade des Amida mithelfen müsste, sie wieder herzustellen. Der religiöse Pfad ist daher eine Angelegenheit der Erinnerung. Die höchste Erkenntnis ist nicht eine ferne unerreichbare Einsicht, sondern eine immer gegenwärtige Wirklichkeit. Die Aufgabe besteht darin, sich wieder an das zu erinnern, was man bereits weiß, das zu sein, was man bereits ist. Man erwacht zu dem, was man bereits versteht, aber vergessen hatte, während es das schwache Bewusstsein dieser innewohnenden Wirklichkeit ist, das einen verfolgt und antreibt beim Versuch sie wiederzufinden. Die Unterschiede zwischen Rinzai und Soto bestehen also in Unterschieden diese Erinnerung herbeizuführen. Sie sind zwei Formen der Wiedererinnerung.

Methodische Gegensätze

Zudem scheint das Problem zwischen Rinzai und Soto vorrangig ein Unterschied in Methode und Psychologie denn als einer in Philosophie oder Buddhologie zu sein. Die Rinzai Methode und seine Psychologie sind die des Brechens der Ego-Bindungen, des Verlangens, der Anhaftung und der Unwissenheit – um einige der Grundursachen des Leidens und Übels in der buddhistischen Lehre anzuführen. In Christmas Humphreys hilfreicher Analogie ist der Rinzai Denkansatz „wie der Sprengstoff, der für Bohrlöcher gebraucht wird, er ist darauf angelegt die Barriere im Fluss zu brechen und das Wasser und alles, was auf ihm treibt, frei fließen zu lassen."[6] Der Soto Ansatz andererseits, in Alan Watts Symbolik gesprochen, ist derjenige, bei dem „schlammiges Wasser am besten klar wird, indem man es ruhen lässt."[7] Den Teich zu sprengen, würde ihn nur noch schlammiger machen!

Die logische Konsequenz daraus ist, dass ein Grundunterschied zwischen den beiden Schulen in Bezug auf die Rolle, die Vertrauen und Zweifel spielen, besteht. Vertrauen (*daishinkon*, „großes Urvertrauen") ist eine Grundlage der Zen Praxis, ob die Betonung nun auf Koan-Zen oder Zazen liegt, denn eine wichtige Motivationskraft für die eigene Fortführung des Weges liegt in der festen Überzeugung, dass dieser Prozess der Weg des Buddha ist und dass er zu größerer und tieferer Erkenntnis führen wird. Ohne dieses Vertrauen wird man nicht eifrig üben und auch nicht weit auf dem buddhistischen Weg vorankommen. Dieses Vertrauen wird daher im Soto stark betont. Wieder und wieder predigte Dogen seinen Mönchen, dass sie fest und standhaft im Vertrauen sitzen sollten, dass ihre wahre Natur die Buddha-Natur und ihr Zazen und tägliches Leben der Weg des Buddha sei. Obwohl dieses Vertrauen im Rinzai auch vorhanden ist, steht es dort mehr im Hintergrund, im unmittelbaren Vordergrund des Rinzai steht der Zweifel. Man muss den Zweifel, großen Zweifel (*daigi*), kultivieren, bis jegliches Band, welches einen an falsche und irreführende Denk- und Seinsweisen bindet, durchgeschnitten ist. Man erlangt das buddhistische Verständnis über einen tiefgreifenden Zweifel, welcher alle Hindernisse, die der Verwirklichung im Weg stehen und dadurch im Gegensatz zu ihr, auflöst und verschwinden lässt. Die hauptsächliche Motivationskraft, die Quelle, die die Maschinerie der Zen Praxis antreibt, ist die durch Zweifel erzeugte Spannung. Rinzai Zen ist normalerweise Koan-Zen, denn eine rigorose Meditation über ein Koan spannt den Bogen (Hakuins „Zweifel-Masse") fester und fester, bis ein auslösender Mechanismus (ein Schrei, ein Wort, ein zufälliges Ereignis) den Bogen plötzlich mit großer Kraft aufspringen lässt und man ein schlagartiges Gefühl für Erkenntnis und von Freiheit hat.

Koan-Zen bleibt dann auf Grund einer inneren *Spannung* weiter in Gang, während die Methode von Nur-Zazen des Soto von einer Basis innerer *Harmonie* getragen wird. Das Koan ist eine Verdichtung der grundlegenden Spannungen des geteilten Selbst oder des Seelenkranken (um James Terminologie zu verwenden); oder in buddhistischen Begriffen ausgedrückt die

Spannungen eines begehrenden Selbst, hin und her geworfen innerhalb der Dualität von Maya. Der widersprüchliche Charakter des Koans bringt diese Spannungen auf einen Punkt, wie ein Vergrößerungsglas die Strahlen der Sonne auf einem Stück Papier bündelt und es durchbrennt. Das unmittelbare Ziel ist nicht die Spannungen zu lockern, sondern sie zu intensivieren, sie tief in die Magengrube zu treiben, wo sie zu Hakuins „großem Ball des Zweifels" oder Mumons „rotem, heißem Eisenball" werden. Tag und Nacht, während der täglichen Arbeit, in der Meditationshalle oder im Tempel muss die Konzentration fortgeführt werden. Die Konzentration wird in den regelmäßig stattfindenden Wochen der Sesshin zu einem Höhepunkt gebracht, in denen lange Zeiten der Koan-Mediation, mit dem Schlagen und Schreien der Aufpasser, einer Schlafreduzierung und der Fortschrittsprüfung durch den Roshi (*sanzen*) verbunden werden, um eine maximale Spannung zu erzeugen. Es überrascht nicht, dass viele Satori/Kensho Erfahrungen während eines Sesshin („den Geist sammeln") auftreten. Wie Philip Kapleau aus seinen eigenen Erfahrungen berichtet, „baut diese Strategie, den Schüler in eine ausweglose Situation zu bringen, wo er unbarmherzig von hinten angetrieben [von einem älteren Mönch oder einem Meditationsaufseher] und von vorne energisch zurückgestoßen wird [durch den Roshi, der seine Antworten oder sein Verhalten ablehnt], oft einen so großen Druck innerhalb des Schülers auf, der zu einer inneren Explosion führt, ohne die sich wahres Satori selten ereignet."[8]

Kapleau führt mehrere Erfahrungsberichte amerikanischer Zen-Schüler an, welche dies veranschaulichen: „Vielleicht beruhte die gewaltige emotionale Belastung dieser Erfahrung . . . auf der totalen Hoffnungslosigkeit, in der ich mich befand, meines Zustandes bevor es passierte: ich war so gut wie ohne

Vertrauen, knochentrocken, nutzlos, dumpf, tot, eingeschlossen in die Untugend des Zweifels, unfähig mich davon frei zu machen. Und doch genau dies wollte ich unbedingt. – Ich war der hungrigste der Hungrigen Geister.“[9] Ein anderer Befragter berichtete: „Es ist sogar jetzt schwer für mich diesen Punkt der Anspannung zu erfassen, den dieser Körper-Geist vor dem Oktober Sesshin erlangt hatte. Sechs Monate davor konnte ich kaum etwas essen – ich verlor mehr als 20 Pfund. Ich fühlte mich elend ohne ersichtlichen Grund.“[10] Ein Dritter berichtet: „Der Druck innerhalb wächst und wächst. Das Ventil öffnet sich. . . Dampf steigt auf und strömt in einer welterschütternden Detonation heraus. . . . Die Detonation kommt aus mir heraus, ich bin sie, sie ist jeder, alles! Grenzen beginnen einzubrechen; der Geist arbeitet fieberhaft; rätselhafte Redewendungen werden klar. Natürlich, natürlich! Wie wunderbar, wie richtig!“[11] Ein vierter Befragter bemerkt: „Wie wahr ist der Vers, dass es einen kalten Winter braucht, um sich über die Pflaumenblüte im Frühling zu erfreuen. Man fühlt sich gerade so, als wäre man eben aus dem Gefängnis freigelassen worden – zuerst beansprucht Mu dich, zeigt dir, wie völlig gefangen du bist und dann befreit es dich!“[12] Ein letztes Beispiel: „Mein Erwachen ist so wirklich wie das Aufstehen nach bedeutungslosem Traum am Morgen, wenn man sich kaltes Wasser in sein Gesicht spritzt. Du lachst über die komischen Dinge, die du in deinem Traum durchlebt hast, nimmst dann einen tiefen, wunderbaren Atemzug und fährst mit deiner Beschäftigung fort. . . . Als ich gestern die Straße hinunter lief, wurde plötzlich das ganze Universum geboren.“[13] Das Rinzai Szenario ist unverwechselbar: vorher gibt es Druck, Aussichtslosigkeit, Zweifel, Elend, Unfreiheit; danach gibt es Wiedergeburt, Befreiung, Abfallen, Verzückung.

Ein Schüler befragte in einem *Sesshin* Yasutani Roshi einmal während eines *Dokusan* über die Art und Weise, warum der *Monjutor* (ein Meditationsassistent, nach Monju, dem Buddha der Weisheit, benannt) in den Meditationsperioden so laut schreit und jeden so hart schlägt. Der Roshi antwortete: „Diese Leute sind nah an Kensho, das ist der Grund, warum sie so hart geschlagen werden – um sie bei ihren letzten verzweifelten Bemühungen anzuspornen.“[14] Oder, als der gleiche Schüler die Wichtigkeit des Kampfes mit dem Thema „Ich“ in Frage stellte, antwortete der Roshi: „Du musst gegen diese Frage mit der Kraft einer Bombe aufkommen und all deine intellektuellen Ansichten und Gedanken müssen vernichtet werden. Der einzige Weg diese Frage zu lösen ist, zur explosiven inneren Verwirklichung zu kommen, dass alles Nichts ist.“[15]

Im Soto dagegen ist die Betrachtungsweise ziemlich anders. Beim „Nur-Sitzen“ im Vertrauen, dass man ursprünglich erleuchtet, rein, ganz und frei ist und dass die eigene Praxis aus dieser ultimativen Quelle heraus voranschreitet, sitzt man in und aus der Einheit und Harmonie der Buddha-Natur, wie eine ganz natürlich ins Wasser eintauchende Ente, nicht wie eine ertrinkende Katze, die verzweifelt zu schwimmen versucht. Um ein anderes Bild zu gebrauchen: das Ziel der eigenen Meditation ist nicht, die inneren und äußeren Spannungen zu einem Siedepunkt zu bringen, und man, wenn das Wasser wieder abkühlt, ein Gefühl der Entlastung und Befreiung verspürt, sondern sich auf die Dynamik der eigenen unverwüstlichen Gesundheit und geistig-körperlichen Harmonie zu stützen. Wenn es eine Energie gibt, die von Spannung herrührt, dann gibt es erst recht eine noch größere Energie, die aus der Einheit und Stille kommt, wie der total entspannte und trotzdem sich in voller Alarmbereitschaft befindende Zustand eines Meister-Bogenschützen oder

-Schwertkämpfers, der sich graziös, zielstrebig und anscheinend ohne Anstrengung bewegt. Seine Muskeln sind nicht verkrampft, sondern bereit sofort zu handeln. Sein Geist ist nicht angespannt, sondern geistesgegenwärtig. Er bekommt keine Energie von der Gegenwart eines Feindes, der Todesangst oder einem Gefühl der Verzweiflung. Seine Handlungen entspringen einem in sich ruhenden Zentrum, das ihn harmonisch in Einklang mit der Handlung außerhalb seiner selbst fließen lässt.

Während Rinzai also mithilfe seiner Methoden die Spannungen erhöht, baut Soto die Spannungen ab. Es erfordert Vertrauen zu akzeptieren, dass die Spannungen, was sie auch immer sein mögen, selbst die Welt der Maya darstellen. Rinzai benutzt die *negative* Methode bei dem Versuch die Illusionen und Unwissenheit zu durchbrechen; Soto gebraucht die *positive* Methode, und setzt auf das präexistente Dharma-Wissen jedes Einzelnen und natürliche Heiterkeit. Im Rinzai wird die negative Methode durch das dramatische Gefühl der Befreiung und der schlagartigen Erkenntnis, die durch die Qualen ausgelöst werden kann, gerechtfertigt. Soto bevorzugt kleine, alltägliche Einsichten. Wenn ein welterschütternder Lichtblitz hin und wieder auftaucht, fein; je nachdem, ob groß oder klein, donnernd oder ruhig wie eine Maus, ist das nicht das Thema. Was höchst wichtig ist, ist die beständige tägliche Praxis auf einem gleichmäßigen Niveau. Im Soto wird gesagt: „Jeder Tag ist ein guter Tag."

Symbolik

Zum Teil rühren die Unterschiede zwischen Rinzai und Soto auch von ihrer jeweiligen Wahl der Symbolik, die für den einen

Typ der Erfahrung passender als für den anderen erscheint. Die zweimal-geborene Erfahrung des Rinzai und der vorangehende Aufruhr und Konflikt, legt die soteriologische Symbolik des Fallens in eine Situation nahe, aus der man errettet oder herausgeholfen bekommen muss, um die Mittel des Entkommens zu entdecken. Man wird verschiedentlich als erwischt, eingeklemmt, gefangen, verloren, unrettbar etc. bezeichnet. Die einmal-geborene Erfahrung von Soto legt jedoch die entwicklungsorientierte Symbolik eines Aufstiegs in Richtung einer spirituellen Blüte durch den eigentlichen und normalen Prozess des Wachstums nahe – wie bei einer Pflanze, deren Wurzeln sicherlich in der Dunkelheit und dem Schmutz darunter zu finden sind, und die trotzdem aus dieser Situation in Richtung des Lichtes und der Reinheit der darüber liegenden Luft wächst, dazu veranlasst von ihrer wahren Bestimmung, die auch ihr letztendlicher Ursprung ist. Der Samen einer Eiche ist nichts anderes als eine Eiche.

Wenn diese Unterschiede in den traditionellen Mahayana Begriffen formuliert werden, betont Rinzai Zen die „erworbene Erleuchtung" (*shikaku*). Man ist in der Täuschung eines unerleuchteten Bewusstseins gefangen und versucht mittels der Koan-Introspektion durch eine Reihe von Satoris aus diesem getäuschten Zustand auszubrechen. Dennoch ist die erworbene Erleuchtung nicht eine gänzlich neue Errungenschaft, sondern bringt wie im Soto Zen das zurück, was man bereits ist und weiß. Soto Zen betont diese „ursprüngliche Erleuchtung" (*hongaku*). Wenn sie tatsächlich das Zentrum des eigenen Daseins und Wissens ist, was niemand ganz vergessen hat und wovon niemand völlig entfremdet ist – ansonsten würde es niemand einfallen Erleuchtung zu suchen – dann sollte man in diesem Zentrum sitzen und aus ihm heraus leben. Man sollte „ausdrücken“, was darin bereits „eingedrückt“ ist, denn man kann keine Erleuchtung erwerben, sondern sie nur vollkommen Wirklichkeit werden lassen.

Zwei traditionelle Redewendugen des japanischen Zen sind dabei besonders aufschlussreich: „Die Lehre des Rinzai Zen ist wie der Frost im späten Herbst, der einen frösteln lässt, während die Lehre des Soto Zen wie eine Frühlingsbrise ist, die die Blumen liebkost und ihnen zum Blühen verhilft.“ Die zweite: „Die Rinzai Lehre ist wie ein mutiger General, der ohne zu zögern ein Regiment führt, während die Soto Lehre wie ein Bauer ist, der sich um sein Reisfeld kümmert, um jeden Halm, einen nach dem anderen, geduldig wartend.“[16] Die erste Redewendung unterstreicht die Rinzai Betonung des Tötens des alten Selbst (später Herbst) als ein Vorspiel der Wiedergeburt eines neuen Selbst, wohingegen Soto direkt zu den Frühlingsbildern Samen, Wachstum und bevorstehendes Blühen geht. Die zweite Redewendung unterstreicht die dramatische, heldenhafte, sogar militaristische Betonung des Rinzai, dazu bestimmt, einen Kampf mit dem Ego, dem Verlangen und den Täuschungen zu führen. Das Bild eines tapferen General ist dem ruhigen, nährenden Akzent, den das Soto setzt, entgegengesetzt – der Reisbauer, der das Feld des Buddha Dharma kultiviert. Eindeutig entsprechen die beiden Redewendungen jeweils in Bild und Psychologie den zweimal-geborenen und einmal-geborenen Zugängen, ebenso wie die gegensätzlichen Eigenschaften, die in alten Zeiten in China als Yang- (männlich, aggressiv) und Yin- (weiblich, passiv) Denkansatz bekannt waren.

Verschiedene Voraussetzungen ansprechen

Die logische Schlussfolgerung daraus könnte lauten, dass diese zwei Herangehensweisen ursprünglich entstanden sind, um zwei Typen von Menschen gerecht zu werden, und dass sie sich im Laufe der Zeit, wenn nicht zu strengen „wahren Lehren", so doch aber zumindest zu einer Sache der „Rechten Praxis" entwickelten. Jedoch gibt es in beiden Schulen, der Rinzai und der Soto-Schule, Meister, die Methoden beider Traditionen verwendet haben und es gibt sogar einige, die die Praxis der Reinen Land Schule des Chanten von *Nembutsu* übernommen haben. Der flexiblere Denkansatz ist zumindest in größerer Übereinstimmung mit dem traditionellen indischen (sowohl im Hinduismus als auch im Buddhismus) Verständnis der Rolle eines Guru als geistigem Arzt, der seine Medizin und Therapie auf die besonderen Bedürfnisse seines Schülers abstellt, und nicht allen dasselbe verordnet, egal welche Krankheiten oder welche Konstitution sie haben. Natürlich gibt es im traditionellen Buddhismus dafür auch einen Begriff – *upaya* (geschickte Mittel). Er wird dazu benutzt, die verschiedenen Schulen des Buddhismus und die große Vielfalt ihrer Praxis zu erklären und zu rechtfertigen. Man sagt, dass die Buddhas, Bodhisattvas, Vorfahren und alle Lehrer *upaya* angewendet haben, um die Lehren und Methoden dem speziellen Charakter, der Situation und dem jeweiligen Verständnis der zu Unterweisenden anzupassen. Wegen der enormen Bandbreite von individuellen Umständen, kann es nicht nur einen einzigen Weg der Lehren und der Praxis des Buddhismus geben, obwohl die grundlegenden Prinzipien und die Ideale des Buddhismus natürlich gleichbleiben.

Welche Technik auch immer eingesetzt wird, beide Zen Schulen geben klar zu erkennen, dass das Ziel zu einem bestimmten Zeitpunkt (entweder von Anfang an im „Nur-Sitzen" oder durch irgend eine dramatische Veränderung der Psyche) ein Nicht-Ziel werden muss, das Suchen muss sich in Nicht-Suchen und Handlung in Nicht-Handlung verwandeln. Wie man Bodhidharma in den Mund legt: „All die Errungenschaften der Buddhas sind eigentlich Nicht-Errungenschaften."[17] Oder wie der sechste Ch'an Vorfahr Hui-neng predigte: „Wenn der Gedanke nirgends auf etwas verweilt, – bedeutet das, nicht gebunden zu sein. Dieses nicht irgendwo Verweilen ist die Wurzel unseres Lebens"[18] An diesem Punkt stimmen Hakuin und Dogen überein. Wenn dieser Augenblick da ist, ist die eigene Buddha Natur genau in dem Augenblick verwirklicht, wenn das strebende Selbst kein Selbst mehr ist, das nach etwas strebt, selbst wenn es danach strebt, ein Buddha zu werden.

Nicht nur Dogen rät: „Denke nicht darüber nach, wie du ein Buddha werden kannst." Vor ihm hatte schon Lin-chi (Rinzai) die wahre Zenpersönlichkeit als eine bezeichnet, die „nicht einen einzigen Gedanken des Strebens nach Buddhaschaft hat, sondern frei ist von derartigen Sehnsüchten."[19] In Worten, die denen Dogens außerordentlich ähneln, hat Lin-chi auch festgehalten, dass ein wahrer Sucher nicht sucht. Er „spaziert einfach, wenn er spazieren möchte und sitzt, wenn er sitzen möchte, ohne einen einzigen Gedanken daran Buddhaschaft zu suchen. . . . Folge nicht anderen, die sich selbst ziellos mit ihren Studien von Ch'an und Tao beschäftigen, die die Namen und Zitate lernen, und die Buddha, Vorfahren und erleuchtete Meister suchen . . . . Wenn dein suchender Geist wirklich ein Ende erreicht, wird es keine Angst vor irgendetwas mehr geben."[20]

Das offensichtliche Problem und die Grundlage der Unterschiede zwischen Rinzai und Soto – in Lin-chis eigenen Worten – ist dann, wie der suchende Geist zu einem Ende kommt, wo es keine Angst mehr vor irgendetwas gibt. Für Dogen ist dieser Zustand der ursprüngliche grundlegende und daher vollkommen natürliche und zentrale Zustand des eigenen Wesens, in dem man einfach sitzen sollte. Für Hakuin ist es der Zustand des Ego, des Verlangens, der Anhaftung und der Täuschung, in den man gefallen ist und aus dem man ausbrechen muss, um diesen dann in das Ausleben der Reinheit der eigenen ursprünglichen Selbst-Natur zu verwandeln. Man verwirklicht Momente davon in aufeinanderfolgender Erfahrungen von Satori und ihren Nachwirkungen, und dadurch werden diese Momente immer häufiger.

Nach Hakuins eigenem Bekunden hat bei ihm Dogens „Nur-Sitzen" nichts bewirkt. Er war innerlich viel zu gespalten und zu belastet von Melancholie, Schuld und Zweifel. „Nur Sitzen" wurde für Hakuin zu „totem Sitzen" und ließ eher das Gegenteil von dem entstehen, was er eigentlich wollte: er fühlte sich zunehmend unruhig, ängstlich, zerstreut und niedergeschlagen. Man meint fast das Echo des Schreis von Apostel Paulus zu hören: „O ich elender Mensch, wer wird mich erlösen von dem Körper dieses Todes?" (Römer, 7,24). Hakuin brauchte etwas, das seine inneren Konflikte nach draußen bringen würde, damit sie sich entladen könnten. Und hier war das Koan ein vortreffliches Mittel, um „die Banden der Unwissenheit zu durchbrechen".

An der Stelle taucht die Frage auf, ob alle, die ein Rinzai Kloster betreten, ähnlich problembelastete Seelen sind und solch dramatische Methoden benötigen, um die Ketten der Täuschung zu durchbrechen und aus dem Kerker ans Licht zu kommen, oder ob die Methoden vielleicht manchmal auch benutzt werden können, um einen relativ stabilen Geist in Zweifel, Angst und Hoffnungslosigkeit zu stürzen, damit sie dann wiederum ein Gefühl der Befreiung erfahren können. Gemäß der Rinzai Lehre sind Spannungen, ob nun durch interne oder externe Ursachen hervorgerufen, extrem hilfreich, um eine Entschlossenheit zu erzeugen, mit der man zu einer Satori Erfahrung durchbrechen kann. Jemand, dessen Leben relativ frei von Spannungen ist, wird wahrscheinlich wesentlich langsamer zu einem Durchbruchspunkt kommen als jemand, der in großen Schwierigkeiten steckt oder kein stabiles Selbstwertgefühl hat. Die gleichen Methoden, die dazu benutzt werden, vorher existierende Spannungen und Zweifel zu einem Höhepunkt zu bringen – Koans, mündlliche Beschimpfungen, Schreien, Schlagen – werden daher auch benutzt, um Spannungen und Zweifel in denjenigen auszulösen, die vorher keine hatten. Mehr oder weniger sorgenfreie Seelen werden systematisch verunsichert, um sie zu der berauschenden Erfahrung des wieder unbelastet Seins zu bringen. Es ist wie bei einem Lebensretter, der weil er gerade niemanden hat, den er vor dem Ertrinken retten kann, Leute ins Wasser schmeißt und sie untertaucht, bis sie nach Luft schnappen und Wasser schlucken, um ihnen die Erfahrung des Ertrinkens zu ermöglichen und ihnen dann die Freude der Rettung vom Ertrinken zu bereiten!

Vom Soto Standpunkt wird dabei auch die Gefahr gesehen, dass jegliche Betonung dessen, was Abraham Maslow als „Gipfel-Erlebnis“ bezeichnete, zu einer Überbewertung des ekstatischen Charakters der Erfahrung selbst führen wird, und nicht zur Wertschätzung der Einsicht, zu der diese Erfahrung führte. Man wird dann immer wieder diesen emotionalen „Höhepunkt“ erreichen wollen und versuchen, ihn so oft wie möglich zu wiederholen. Weiterhin besteht die Gefahr, dass diese Gipfel-Erlebnisse so außergewöhnlich und so angenehm sein werden, dass die Welt der gewöhnlichen Erfahrungen und des alltäglichen Geschehens nicht mehr wertgeschätzt wird, einschließlich der eher gewöhnlichen und alltäglichen Erfahrungen in dem relativ unaufgeregten Leben der Einmal-Geborenen. Die Unterscheidungen zwischen heilig und profan, fantastisch und alltäglich könnten dadurch eher verstärkt als zum Einsturz gebracht werden.

Die Fünf Arten des Zen

Yasutani Roshi hat zwischen fünf Arten des Zen unterschieden. Dabei gebrauchte er den Begriff „Zen" in seiner weitest möglichen Bedeutung. 1.) Die grundlegendste Art ist *bompu* (gewöhnliches) Zen. Dabei geht es einfach nur darum, seine Konzentrationskräfte (*joriki*) zu stärken. Dadurch kann ganz allgemein die körperliche und geistige Gesundheit verbessert werden, abhängig davon, wie viel man übt. Das entspricht in etwa dem Interesse, das der Westen an Yoga als einer wirksamen Form einer physischen und geistigen Übung hat. 2.) Die zweite Art ist *gedo* (der Weg außerhalb) Zen, das jede Form einer meditativen Praxis außerhalb der buddhistischen Tradition umfasst: manche der Voraussetzungen, Methoden und Ziele können ähnlich denen der buddhistischen Tradition sein, aber einige sind auch anders. 3.) Die dritte Art ist *shojo* (Kleines Fahrzeug oder Hinayana Buddhismus). Dies ist die Form der buddhistischen Meditation, die individuelle Erlösung aus der Welt des Samsara, Geburt und Tod sucht. Ihr Ziel ist es einen Zustand von *mushinjo* (einen tranceartigen Zustand von Nicht-Gedanken) zu erreichen, der nicht über die individuelle Suche der Befreiung hinausgeht, also nicht die volle Erleuchtung im Sinn hat, die alles Dasein als ein gegenseitig abhängiges und unteilbares Ganzes ansieht. 4.) Die vierte Art des Zen ist *daijo* (Großes Fahrzeug oder Mahayana Buddhismus), dessen Ziel Satori oder Kensho ist – beides offensichtlich von Yasutani in Rinzai Ausdrücken definiert. 5.) Die fünfte Art von Zen ist *saijojo* (Höchstes Fahrzeug), die als Praxis der erleuchteten Buddhas gilt; sie ist daher keine Form einer Praxis, die Erleuchtung sucht, sondern eher der reine Ausdruck der Erleuchtung.[21]

Bei dieser Einteilung geht es hauptsächlich um die letzten beiden Arten. Überraschenderweise identifiziert Yasutani die fünfte und damit höchste Form der Meditation mit der Soto Schule. *Daijo* Zen ist die Koan-Introspektion des Rinzai, während *saijojo* Zen das Nur-Sitzen Zazen des Soto ist. Er definiert die Form *saijojo* sogar in den Begriffen, die für Dogen charakteristisch sind, d.h. dass es nicht ein Mittel für einen Zweck, sondern eher Selbstzweck ist. Es ist eine Meditation des Nicht-Suchens. Yasutani bemerkt dazu, dass „die Rinzai Schule *daijo* höher ansieht und *saijojo* niedriger, während die Soto Schule es umgekehrt macht. Im *saijojo*, wenn richtig praktiziert, sitzt du in der festen Überzeugung, dass Zazen die Verwirklichung deiner reinen wahren Natur ist."[22]

Yasutani legt dar, dass die zwei Denkansätze sich ergänzen, wobei Rinzai die Mittel betont und Soto das Ziel. Bei Soto sollte er allerdings ergänzen, dass das Ziel auch gleichzeitig der Beginn ist. Auf jeden Fall sollen sie nicht als sich gegenseitig ausschließende Positionen angesehen werden, denn auch Rinzai betont, dass Zazen nicht nur ein Mittel darstellt, sondern auch ein Ziel (die Praxis der Buddhas), und dass das, was man sucht (Erleuchtung, Buddha-Natur), das ist, was man eigentlich schon ist. Obwohl Soto betont, dass die Erleuchtung in jedem schon vorhanden ist und jeder Buddha-Natur besitzt, erkennt es dennoch auch an, dass es einen Unterschied gibt zwischen denen, die dies vollkommen realisieren und aus dieser Wirklichkeit leben und denjenigen, bei denen dies noch nicht so ist.

Yasutani versuchte, sich auf beide Traditionen zu stützen und sie gleichwertig als einander ergänzend anzusehen. Jedoch räumte er in bestimmten Zusammenhängen der Rinzai Praxis einen höheren Wert ein. Einerseits sagte er von *saijojo*, es sei „das höchste Fahrzeug, der Höhepunkt und die Krönung des buddhistischen Zen, von allen Buddhas der Vergangenheit praktiziert – nämlich von Shakyamuni und Amida – und . . . als Ausdruck des absoluten Lebens, Leben in seiner reinsten Form . . . in dem es keine Anstrengung mehr gebe, Satori oder etwas anderes zu erlangen . . .[denn] in dieser höchsten Praxis würden Mittel und Zweck zusammenfließen.“[23] Wenn Yasutani jedoch die vier Ebenen des Strebens beschreibt, ist die Meditation über ein Koan zuoberst angeordnet, als die am ehesten passende Methode für diejenigen mit dem höchsten Einsatz, für die, die entschlossen sind, ihr wahres Selbst zu realisieren. . . im sicheren Wissen, dass sie dadurch ihr Ziel in kürzester Zeit verwirklichen können.“[24]

In dieser Übersicht nimmt das *Shikantaza* der Soto Schule den dritten Platz ein, unterhalb von Koan-Zen und oberhalb von denjenigen, die nur aus Neugier am Zen interessiert sind, und anderen, die es nur aus gesundheitlichen (körperlichen und geistigen) Gründen üben. Diejenigen, die allein Dogens Shikantaza praktizieren, werden bezeichnet als Leute, die „den Pfad des Buddha beschreiten möchten [und] Vertrauen in die Realität der Erleuchtungserfahrung aufgebaut haben. . . . obwohl die Entschlossenheit dies zu erreichen, noch nicht erwacht ist.“[25] Dies ist eine Verhöhnung von Dogens Einstellung und Erfahrung. Zwar hat Yasutani vorher anerkannt, dass das Zazen im Soto kein Mittel zum Zweck, sondern in sich Selbstzweck ist, doch spricht er hier von der Soto Meditation in Rinzai-Begriffen als einem Mittel für einen bestimmten Zweck.

Obwohl Yasutani den Anspruch erhebt, die zwei Traditionen als gleichwertige und sich ergänzende Perspektiven zu präsentieren, stellt er die Koan-Methode über das *Shikantaza* des Soto (welches keine Methode für die Erreichung der Erleuchtung ist, wie er zuvor ausführte) und legt so die Bedeutung von Nur-Zazen für Dogen falsch aus. Zazen (oder Shikantaza) findet aus der eigenen innewohnenden Erleuchtung heraus statt, genauso wie das eigene Vertrauen in die eigene innewohnende Erleuchtung. Vertrauen wird durch Einsicht ständig weiter gestärkt. Man kämpft sich nicht Jahre durch Dunkelheit und Zweifel bis zu einem Zustand von totaler Verzweiflung und Hoffnungslosigkeit, in der Hoffnung, am Ende des Tunnels einen Durchbruch zu erleben. Man sitzt und bewegt sich vorwärts im Vertrauen, dass der Ochse, auf dem man durch das Land reitet, der Ochse ist, nach dem man sucht. Dogen sagte zu seinen Mönchen: „Macht euch klar, dass auch wenn ihr in der Welt der Täuschungen übt, Erleuchtung bereits vorhanden ist."[26]

Man sollte allerdings nicht unter den Tisch fallen lassen, dass nicht nur die Rinzai Meditation ihre Fallgruben hat, sondern Soto ebenfalls. Rinzai tendiert dazu, die Zen Praxis in ein Mittel zum Zweck, endlos zielorientiert, umzufunktionieren. Und am Ziel, das angestrebt wird (*Satori*), mag es eher die Ekstase sein, die die Erfahrung mit sich bringt, als die Einsicht (*Kensho*), welche aus der Erfahrung gewonnen wird. Soto, andererseits, mag nur im seichten Wasser der geistigen Kontrolle (*joroki*) herum dümpeln, anstatt sich tiefer und vollständiger auf die Verwirklichung und auf den Ausdruck der eigenen Buddha Natur einzulassen. Anstatt mehr und mehr aus der Unmittelbarkeit der ursprünglichen Erleuchtung zu leben und ihr zu gestatten, mehr und mehr das eigene Leben zu durchdringen, mag man zufrieden sein, sich lediglich an den momentanen therapeutischen Vorzügen des „ruhigen Sitzens, nichts tun“ zu erfreuen und das Vertrauen in die eigene ursprüngliche Natur zu gebrauchen, den Status quo zu rechtfertigen. Statt das höchste Niveau der Zen Praxis (*saijojo*) zu leben, die Praxis der Buddhas, besteht beim Soto die Gefahr, sich selbst auf das niedrigste Niveau, *Bompu* Zen, zu reduzieren. Wenn Rinzai unecht in der Methode werden kann, kann Soto oberflächlich in seiner Ausführung werden.

KAPITEL VI

Etwas Wunderbares, nichts Besonderes

Die vorangehende Interpretation der zwei Schulen des Zen stimmt ziemlich überein mit William James' Bemühungen, die einmal-geborenen und zweimal-geborenen Typen der religiösen Erfahrung in einer ausgewogenen und wohlwollenden Analyse zu präsentieren. „Wenn wir unserem gesunden Menschenverstand folgen, dürfen wir wohl kaum annehmen, dass nur eins dieser Systeme wahr sein kann. Betrachten wir die Gesamtheit unserer Erfahrungen müssen wir doch zu dem Schluss kommen, dass man in der Welt nach vielen Ideensystemen leben kann, denn die Menschen sind schließlich unterschiedlich, und je nachdem werden sich bestimmte Arten von Nutzen ergeben. . . während gleichzeitig andere Arten von Nutzen weggelassen oder zurückgestellt werden müssen."[1]

Ein Vorurteil gegenüber Zweimal-Geborenen

Trotz seiner Unparteilichkeit kam James zu dem Ergebnis (welches man auch bei Yasutani findet und das generell von

Rinzai befürwortet wird), dass die einmal-geborenen Sichtweise eine geringere Wirkungskraft hat als die der Zweimal-Geborenen, und dass die Sichtweise der Zweimal-Geborenen größere Mächtigkeit, Fülle, Tiefgründigkeit und Vollständigkeit aufweist, als die der Einmal-Geborenen. „Es gibt keinen Zweifel, dass spirituelle Schönfärberei als philosophische Lehrmeinung unangemessen ist, weil die üblen Tatsachen, welche sie regelrecht verweigert zu berücksichtigen, zur Wirklichkeit dazu gehören; und wahrscheinlich geben sie uns den besten Schlüssel um den tieferen Sinn des Lebens zu verstehen und möglicherweise die einzigen Augenöffner für die tiefsten Ebenen der Wahrheit."[2]

Zum Teil scheint James Motivation, sich wissenschaftlich mit religiösen Erfahrungen zu beschäftigen, von seiner Faszination für außergewöhnliche Bewusstseinszustände herzurühren. In seiner Einleitung zu „Die Vielfalt religiöser Erfahrungen" bemerkt er, dass „unser gewöhnliches Wach-Bewusstsein nur eine besondere Art von Bewusstsein ist, wobei man zugeben muss, dass nur hauchdünn davon getrennt potenzielle Formen gänzlich anderer Bewusstseinszustände liegen."[3] Nachdem er einen Überblick über Höhen und Tiefen dieser ungewöhnlichen Zustände gegeben hat, kommt er zu dem Schluss, dass „eine Übersicht zur geistigen Gesundheit viel unvollständiger ist, als die systematische Darstellung, die den dunklen und abgründigen Wirklichkeitserfahrungen Wichtigkeit einräumt. Die vollständigsten Religionen scheinen daher die zu sein, in welchen die pessimistischen Elemente am besten herausgearbeitet sind."[4] Das Christentum und der Buddhismus werden als anschaulichste Beispiele von Religionen beschrieben, die aus sehr pessimistisch beschriebenen Bedingungen befreien.

Die Unterstellung, dass die Erfahrung der Einmal-Geborenen an sich oberflächlich, unvermeidlich unangemessen ist, oder sogar willentlich sich dem Bösen und dem Leiden verschließt, ist James Analyse gegenüber unglücklich formuliert und fußt auf fragwürdigen Belegen. Es ist eine zumindest merkwürdige Schlussfolgerung, größere Weisheit in den Extremen und Unausgeglichenheiten der gepeinigten Seelen zu sehen, und einer Geisteskrankheit eine größere Tiefe zu bescheinigen, während den relativ stabilen Gemütern ein verwegener Optimismus zugeschrieben wird und die normalen, gesunden Wachstumsmuster als Beweis für Seichtheit genommen werden. Man könnte genausogut sagen, dass die Person, die sich eher normal entwickelt, ohne wie die Seelenkranken ein Opfer von großen Konflikten und Traumatas zu werden, eine besondere Weisheit, Gnade und Ausgeglichenheit besitzt, nach denen die Seelenkranken verzweifelt suchen. Eine zweite Geburt mag ein großer Segen für diejenigen sein, die sich in der Tiefe psychischen Aufruhrs befinden, aber sie kann kaum ein leuchtendes Beispiel für alle sein. Der Versuch, eine solche Erfahrung bei anderen durch künstlich hervorgerufene Krisen, Konflikte und Zweifel entstehen zu lassen, kann auch als eine völlig unverantwortliche Form der Grausamkeit angesehen werden. Es ist, als würde man zu dem Gefühl von Sünde und Schuld gezwungen werden, weil man sich nicht sündig und schuldig fühlt, um dann die Erlösung von Sünde und Schuld zu erfahren, um sich nicht länger sündig und schuldig zu fühlen! Wie Alan Watts meint, kann dies wie das Wandern in Bleistiefeln bis zur totalen Erschöpfung sein, um dann die berauschende Erfahrung des Ausziehens [der Stiefel] zu machen.[5]

Wenn man James Schlussfolgerung durch die hier vorgestellten japanischen Fallbeispiele prüft und Hakuin mit Dogen vergleicht, mangelt es Dogen sicherlich nicht an einer Form von Tiefe, Fülle, Tiefgründigkeit oder Vollständigkeit. Tatsächlich halten viele Japaner und westliche Gelehrte Dogen für einen der größten Philosophen und religiösen Lehrer der japanischen Geschichte. Ebensowenig kann man Dogen einen leichtsinnigen Optimismus nachsagen oder behaupten, er habe das Böse und das Leiden ignoriert. Dogen ist ebenso sehr ein Realist wie Hakuin und es geht nicht darum, Übel und Leiden außen vor zu lassen, sondern um die beste Art und Weise es zu verstehen und damit umzugehen.

James mag teilweise zu größerem Verständnis mit der zweimal-geborenen Ansicht gelangt sein, da er selbst zu diesem Typ zählt. Aus seinen Tagebuchaufzeichnungen erfahren wir, dass er als Jugendlicher zu Melancholie und düsteren Gedanken neigte. Darin war er seinem Vater ähnlich, und zugleich gänzlich verschieden von seiner „geistig-gesunden" Mutter. An einer Stelle deutet er sogar an, dass er an einem bestimmten Punkt in seinem Leben, „den Selbstmord als höchst männliche Form ansah, seiner Kühnheit Ausdruck zu verleihen." Es wird allgemein bestätigt, dass James in seiner „*Vielfalt*" auch seinen eigenen Fall in der Gestalt eines Franzosen eingefügt hat, dessen Selbstbekenntnis er frei übersetzt und die Erlaubnis, sie abzudrucken, dankbarerweise vom „Leidenden" selbst erhalten habe."

> Im Zustand eines philosophischen Pessimismus und allgemeiner Niedergeschlagenheit über meine Perspektiven ging ich eines Abends im Halbdunkel in meinen Ankleideraum, um mir einen Artikel zu holen, der sich dort befand; als mich plötzlich ohne Vorwarnung, gerade als käme es aus der Dunkelheit, eine schreckliche Angst

über meine eigene Existenz überfiel. Gleichzeitig stieg in meinem Geist das Bild eines epileptischen Patienten auf, den ich in der psychiatrischen Anstalt gesehen hatte. . . . Dieses Bild und meine Angst verschmolzen miteinander. *Das bin ich,* fühlte ich, *das steckt ebenfalls in mir*. . . . Ich wurde zu einem Häuflein zitternden Elends. Danach war die Welt für mich wie ausgewechselt. Ich erwachte jeden Morgen mit einer schrecklichen Furcht im Magengrund, mit einem Gefühl der Verunsicherung dem Leben gegenüber, das ich nie zuvor gekannt und das ich seitdem niemals gefühlt habe. Es war wie eine Offenbarung; obwohl die unmittelbaren Gefühle sich verflüchtigten, verstand ich seitdem die krankhaften Gefühle von anderen.[6]

Dies ist der letzte Fall, den James unter der Überschrift der „kranken Seele" gibt. Er bezeichnet ihn als den „schlimmsten Fall der Melancholie. . . welche die Form einer panischen Angst annimmt." Er beschließt seinen Bericht mit einem Hinweis auf seine (des „Franzosen") geistig-gesunde Mutter.

Generell fürchtete ich mich davor, allein gelassen zu werden. Ich erinnerte mich, dass ich mich wunderte, wie andere Leute leben konnten, wie

> ich selbst gelebt hatte, ohne jegliche Ahnung über das Ausmaß an Unsicherheit, das unter der Oberfläche des Lebens liegt. Besonders meine Mutter, eine sehr fröhliche Frau, schien für mich ein perfektes Paradox in ihrer Unbewusstheit der Gefahr, welche ich, wie du gut verstehen magst, umsichtig nicht durch Offenbarungen meines eigenen Geisteszustandes stören wollte. Ich vermutete immer, dass diese Erfahrung meiner Melancholie eine religiöse Ursache hätte.[7]

Diese Zitate zeigen nicht nur James zweimal-geborenen Neigung, sondern auch seine Schwierigkeiten im Verständnis mit den Geistig-Gesunden, die so selbstvergessen fröhlich gegenüber den Gefahren und Unwägbarkeiten, die unter der „Oberfläche des Lebens" zu lauern scheinen leben, und sie beleuchten seine Sympathien „mit den trübsinnigen Gefühlen anderer." Nach anonymer Zitierung seines eigenen Falles schlussfolgert James dann, dass die Geistig-Gesunden eine Art kindhafte Einfalt und einen Mangel an Reife erkennen lassen, verglichen mit den Dingen, die die Seelenkranken sehen und erfahren. Zu den drei Fällen, die er unter die letztgenannte Kategorie einreiht, bemerkt er: „der erste zeigt uns die Nutzlosigkeit der vergänglichen Phänomene; der andere das Gefühl der Sünde und der letzte zeigt die Angst vor dem Universum; und in allen drei Fällen ist es immer so, dass der ursprüngliche menschliche Optimismus und die Selbstzufriedenheit zu Staub werden."[8]

Probleme entstehen in James Analyse auch, weil er die einmalgeborenen Typologie zu eng, wenn nicht mit seinem „perfekten Paradox“ einer Mutter assoziiert, so doch mit den Lehren einiger liberaler religiöser Bewegungen des späten amerikanischen 19. Jahrhunderts, insbesondere der Ethischen Bewegung, der Mind-cure-Bewegung (Geistkur-Bewegung), und der Christlichen Wissenschaft. Die Lehren dieser besonderen Gruppen waren sicherlich keine logischen Folgen aus dem Persönlichkeitstyp und der Erfahrung, die er zu analysieren begonnen hatte. Er zitiert in seinen Eingangsbeispielen auch den Dichter Walt Whitman und bestimmte Freikirchler, wie Edward Hale und Theodore Parker; jedoch stimmen die Lehren dieser verschiedenen Gruppen und Persönlichkeiten schwerlich überein. Die angesprochene Hinwendung eines bestimmten psychologischen Typs zu einer bestimmten philosophischen und religiösen Position geschieht nicht ohne bedeutungsvolle Sprünge.

Edward Hales eigene Beschreibung seiner religiösen Erfahrung und Sichtweise zeigt von Beginn an ziemlich klar, um was es dem einmal-geborenen Typus geht:

> Ich beobachtete mit tiefstem Bedauern die religiösen Kämpfe, die in vielen Biographien so beschrieben waren als seien sie quasi unentbehrlich für die Entwicklung eines Helden. . . . Jeder, der so wie ich in eine Familie geboren wurde, für die die Religion etwas Einfaches und Vernünftiges ist, und der mit einer solchen Religion aufgewachsen ist, so dass er nicht einmal für eine Stunde erfährt, was es mit diesen religi-

> ösen oder nichtreligiösen Kämpfen auf sich hat, hat einen unschätzbaren Vorteil. . . . Aus meiner Stärke heraus zu leben, kam mir einfach vor; zu lernen, wo es so viel zu lernen gab, erschien mir erfreulich und natürlich auch jemandem zu helfen, wenn sich dazu die Gelegenheit ergab.[9]

Das, um was es Hale geht, ist nicht das, was James daraus macht: Optimismus gegen Pessimismus (werden nicht die Zweimal-Geborenen zeitweise recht optimistisch und sogar ziemlich manisch?); Selbstzufriedenheit gegen Selbstzweifel, Unsicherheit, Angst und Schuld; und eine tiefgreifende gegen eine oberflächliche Einschätzung vom Bösen und Leiden in der Welt. Es geht eher um die Unterschiede, wie man eine seelische Entwicklung betrachtet: durch Katastrophen vorangebracht oder sich *organisch* entwickelnd. Die organische Sichtweise sieht die Entwicklung zur Ganzheit und Reife als einen natürlichen Wachstumsprozess, während es für die katastrophen-orientierte Sichtweise Ganzheit und Reife erst am Ende eines dunklen Tunnels oder eines verwirrenden Labyrinths und auch nach einem gewundenen Prozess innerer und äußerer Kämpfe zu finden gibt.

James bringt Verwirrung in das Ganze, dadurch dass er den Einmal-Geborenen einen übermäßigen Optimismus zuschreibt, welcher „vorsätzlich das Übel aus ihrem Gesichtsfeld ausschließt",[10] und eine sentimentale Romantik, deren „besondere Liebe eher den Blumen und Vöglen und allen bezaubernden Unschuldswesen gilt als den dunklen menschlichen Leidenschaften".[11] Francis Newman, von dem James diese Typologie übernommen hatte, bezeichnet in ähnlicher Weise die Einmal-Geborenen als naiv und simpel mit einer gewissen kindlichen Unschuld in ihrem Mangel eines tiefen Gefühls des Übels in sich selbst oder in der Welt. Dennoch schließt Dr. Hale in dem eben zitierten Fall von James nicht das Übel aus, genauso wenig ignoriert er die dunklen menschlichen Leidenschaften. Er „beobachtet mit tiefstem Bedauern" diese tragischen Konflikte, die in den Leben anderer Chaos verursachen oder die davon handeln. Er weigert sich allerdings das kranke und geteilte Selbst als „Grundlage zur Entwicklung eines Helden" anzusehen. Er besteht auf der Natürlichkeit und Normalität seiner eigenen spirituellen Entwicklung, in der sich Begeisterung von alleine entwickelte. Vertrauen problemlos entstand, Altruismus vollkommen selbstverständlich war und das Lernen Freude machte. Anstelle die heldenhaften Dramen der Zweimal-Geborenen zu idealisieren und sie als religiöse nachahmenswerte Modelle hoch zu halten, sieht er seine eigene Situation als höchst glücksverheißend und als idealerweise normal an.

James hatte auch ähnliche Aussagen eines anderen renommierten Unitariers, Theodore Parker, zitiert. Dieser schrieb: „Ich habe in meinem Leben genug falsche Dinge getan, und tue sie immer noch; ich verfehle das Ziel, spanne den Bogen erneut und versuche es noch einmal. Aber mir ist nicht bewusst, dass ich Gott, die Menschen, das Rechte oder die Liebe hasse. Und ich weiß, dass sich eine Menge „Gesundheit in mir" befindet und auch in meinem Körper verweilen eben jetzt viele der guten Dingen, trotz Verfehlung und Bekehrung."[12] Wenn James bei den Bestätigungen und Anliegen dieser ursprünglichen Beispiele geblieben wäre – auch bei dem von ihm zitierten Walt Whitman – und ihre Konsequenzen offengelegt hätte, hätte er eine Typologie der einmal-geborenen Erfahrung entwickeln können, die genau so präzise und nützlich wie seine Charakterisierung der Zweimal-Geborenen gewesen wäre. Doch stattdessen fuhr er fort, Beispiele aus „Ethischer Kultur-Bewegung“, „Geistkur-Bewegung“ und Christlicher Wissenschafts-Bewegung zu zitieren, als ob die Besonderheiten ihrer Positionen die direkte intellektuelle Konsequenz der einmal-geborenen Erfahrung und damit ihr unvermeidbares Ergebnis wäre.

Sowohl die Anfangsbeispiele, die er nennt (Hale, Parker, Whitman), als auch das japanische Beispiel von Dogen, das ich zitiert habe, zeigen, dass die einmal-geborene Perspektive bezüglich des Selbst und der Welt nicht weniger tiefgreifend, gereift, gehaltvoll und vollständig ist wie die der Zweimal-Geborenen. Sie legen auch nahe, dass es nicht nur eine einzige religiöse oder philosophische Einstellung als eine Begleiterscheinung, oder als logische Folge entweder des einmal-geborenen oder des zweimal-geborenen Typs gibt. Hakuins zweimal-geborene Erfahrungen werden als der plötzliche Durchbruch zur eigenen „Ursprünglichen Selbst-Natur“ ausgelegt, während der Apostel Paul oder Martin Luther oder Shinran ihre Erfahrungen als den plötzlichen Einbruch einer äußerlichen Gnade deuten, die sie akzeptiert und sie aus einer sie durchdringenden Sündhaftigkeit errettet. Gleichermaßen deutet Dogen seine Erfahrung innerhalb des von Tendai und den buddhistischen Zen-Schulen definierten Bezugsrahmens und in orientalischem (eher als indischem) Kontext. Hale und Parker legen ihre Erfahrungen innerhalb des Bezugsrahmens des unitarischen Protestantismus im amerikanischen Kontext von Neu-England des 19. Jahrhunderts aus.

Trotz dieser Einschränkungen scheint James‘ Typologie nach wie vor nützlich zu sein und ganz besonders hilfreich bei der Erläuterung der Unterschiede zwischen Rinzai und Soto Zen.

Auch wenn man kritisch zu James' Vorstellung eines einfachen und unschuldigen Optimimus der Einmal-Geborenen steht, lässt sie nicht den Eindruck zurück, dass er damit gänzlich falsch liegen würde. Wenn die Schwäche der Zweimal-Geborenen darin liegt, dass sie dazu tendieren die Welt zu schwarz zu sehen, ist die Schwäche der Einmal-Geborenen die Neigung die Welt zu rosarot zu sehen. Und wenn die Zweimal-Geborenen gewöhnliche Erfahrungen eher unterschätzen, dann tendieren die Einmal-Geborenen dazu, die Sensibilität und Visionen der Zweimal-Geborenen unterzubewerten.

Sicherlich ist es eine Tatsache, dass beide, Psychologie und Religion, weitaus mehr Interesse, Energie und Einfallsreichtum an den Seelenkranken oder „geteilten Selbsten" haben, als an den geistig Gesunden. Was bei beiden, der Psychologie und der Religion, fehlt, ist eine vergleichbare Ausarbeitung der Psychologie der Einmal-Geborenen und eine Interpretation der religiösen Tiefgründigkeit und Reife einer solchen Lebensperspektive. Im Zen Kontext stellt Dogen dafür einen sehr hilfreichen Anfang dar, sowohl psychologisch als auch religiös gesehen.

Zen „Gipfel" und „Nicht-Gipfel"

In der psychologischen Theorie neueren Datums hat Abraham Maslow sich ebenfalls mit dem zweimal-geborenen Typus in der verallgemeinerten Kategorie der „Gipfelerfahrungen" beschäftigt. Eine Anwendbarkeit seiner Typisierung auf die angeführten Zen Beispiele kann sich als hilfreich herausstellen. Obwohl seine Betrachtung nicht ganz der Typologie von James entspricht, bewertet er die Rolle, die Gipfelerfahrungen bei der psychologischen Entwicklung spielen, als beachtlich. Er unterscheidet zwischen „Personen mit Gipfelerlebnissen“, die die vielen Vorteile erlebt haben, die Maslow mit den Gipfelerlebnissen verbindet, und zwischen „Personen ohne Gipfelerfahrung“, die sehr wenige solcher Erfahrungen machen. Die Erfahrungen, die die „Nicht-Gipfelerfahrenden“ haben, sind bestenfalls schwach und sie haben an den Vorteilen im Wesentlichen in stellvertretender Weise teil, indem sie sich mit „Personen mit Gipfelerfahrung“ identifizieren.

„Personen mit Gipfelerfahrung“ können andere führen auf der Basis ihrer Visionen, die ihnen das Gipfelerlebnis beschert hat, und Kraft mancherlei daraus resultierender Qualitäten. Diese Personen werden, was Maslow „sich selbst verwirklichende“ Individuen nennt, Vorbilder (und daher Beispiele) höchst kreativer, visionärer, reifer, selbst motivierter, voll und höchst entwickelter menschlicher Wesen – um einige von Maslows‘ Bezeichnungen zu gebrauchen.[13] Wahrscheinlich dürfen wir Hakuin, der sicherlich Gipfelerlebnisse hatte, als „sich selbst verwirklichendes Individuum“ bezeichnen – mit allen Eigenschaften, die dazugehören – während diese Dogen als einer Person ohne Gipfelerfahrung nicht zugesprochen werden könnten.

Das Wesen solcher Gipfelerlebnisse, welche solche Glückseligkeit verleihen, wird von Malow folgendermaßen charakterisiert: 1. sie tauchen meistens unvermutet auf, man wird von ihnen überrascht, 2. sie gehen einher mit einer Erfahrung von Einheit und Ganzheit, 3. sie haben den Geschmack von Ehrfurcht, Wunder, Verehrung, Demut, Hingabe, 4. sie werden begleitet von einem Verlust des Zeit- und Raumbewusstseins, 5. sie sind gekennzeichnet durch Passivität und Empfänglichkeit in Bezug auf etwas, was ihnen selbst oder innerhalb in ihnen geschieht, und 6. sie gipfeln in einem Gefühl reiner Erfüllung, Begeisterung und Freude. Solche Erfahrungen fühlen sich selbstbestätigend und selbst-rechtfertigend an und werden meistens zu absoluten Bezugspunkten im Hinblick auf andere, relativ dazu betrachtete, oder durch sie relativierte Ereignisse. „Zahlreiche Autoren über Ästhetik, Religion, Kreativität und Liebe beschreiben diese Erfahrungen übereinstimmend nicht nur als wertvoll an sich, sondern auch als *so* kostbar, dass sie durch ihr gelegentliches Auftreten das Leben lebenswert machen. Die Mystiker haben immer den außerordentlich hohen Wert der großen mystischen Erfahrung, die nur zwei- oder dreimal in einem Leben auftritt, bestätigt."[14]

Die Nachwirkungen eines solchen Erlebnisses werden als therapeutische Befreiung – in Bezug auf frühere Neurosen - des Individuums von Blockierungen, Hemmungen, Ängsten, Zweifeln, etc. beschrieben, sie verändern die persönliche Sicht der Person auf sich selbst und auf die Welt, setzen größere Kreativität und Ausdrucksfähigkeit frei, lassen das Leben wertvoll erscheinen. Wer eine solche Erfahrung gemacht hat, möchte sie unbedingt wiederholen. Maslow vergleicht die Wirkungen eines Gipfelerlebnisses mit „dem Besuch eines persönlich definierten Himmels, von dem die Person dann auf die Erde zurückkehrt"[15]. Wer über seine Gipfelerlebnisse mit anderen sprechen will, drückt sich „poetisch, mythisch und überschwänglich schwärmend aus, als wäre dies die natürliche Weise der Sprache, um von solchen Seinszuständen zu berichten."[16]

Aus diesem Grund wird ein Gipfelerlebnis oft zum Selbstzweck. Und weil es höchst kostbar ist es zu erleben, wird alles andere darauf bezogen und neu bewertet (und gewöhnlich abgewertet). Als im Vergleich dazu weniger wert, mag darauf zu Gunsten des Gipfelerlebnisses verzichtet oder alles andere in der Hoffnung einer Wiederholung hintangesetzt werden. „Die Gipfelerfahrungen des reinen Entzückens sind für meinen Teil die letztendlichen Lebensziele und die ultimativen Bestätigungen und Rechtfertigungen dafür."[17]

Tatsächlich erkennt Rinzai Zen klar die Gefahren sowohl als auch die Attraktivität solcher Gipfelerlebnisse an. Von denen, die ihre Satori Erlebnisse auskosten, wird behauptet, sie „rauchen" oder „stinken" nach Zen, entweder wegen ihres Gefühls des Stolzes auf ihre Leistung – in direktem Widerspruch zur Verwirklichung der Dummheit des Ego und der Begierde, die in dem Erlebnis vermutlich Teil des Kensho sind – oder wegen der Betonung der ekstatischen Begeisterung statt der Betonung der dabei gemachten Einsicht (Kensho). Daher tadelte Harada Roshi einen Laien-Schüler mit den Worten „den schrecklichen Gestank der Erleuchtung zu riechen" und fügte an, dass "sogar der verehrte Shakyamuni dem Geschmack seiner Erleuchtung drei Wochen lang anhing." Er fügte noch hinzu: „Meine eigene Krankheit dauerte etwa zehn Jahre. Ha!"[18]

Maslows Beschreibung der Gipfelerfahrung, wie auch James zweimal-geborenen Typologie passt sicherlich zu Hakuins religiöser Erfahrung und Selbstverständnis. Aber es bietet nur wenig Basis, um Dogen zu verstehen, und eine viel größere Grundlage, Dogen und den Typ einer religiösen Erfahrung und Selbstverständnisses, den er repräsentiert, misszuverstehen. Wenn eine Person ohne Gipfelerfahrung das grobe Äquivalent von James Einmal-Geborenen ist, bietet Maslows Analyse sogar weniger Grundlage als die von James, um die Formen der Selbst-Verwirklichung, Kreativität, Reife und Führungseigenschaft zu würdigen, die nur denjenigen zur Verfügung stehen, die keine Gipfelerlebnisse haben oder ihnen keinen großen Wert zuweisen. Und seine Analyse missbilligt weiter das Gewöhnliche, Alltägliche, tägliche Situationen und Erfahrungen und beharrt darauf, dass sie weniger farbig, weniger interessant und vermutlich weniger tiefgreifend sind.

Soto-Meister Shunryu Suzuki gibt seinen Studenten den folgenden Gegenratschlag: „Zen ist nicht eine Art von Aufgeregtheit, sondern Konzentration auf unsere gewöhnliche, tägliche Routine. . . .Wenn möglich, versuche immer ruhig und freudig zu sein und halte dich von Aufregung fern. . . . Zen ist nicht etwas, um sich zu ereifern. . . . Sei nicht zu sehr an Zen interessiert. . . Unsere nicht aufgeregte Art der Übung mag sehr negativ erscheinen. Dies ist nicht so. Es ist eine weise und effektive Art, um an uns selbst zu arbeiten. Es ist einfach sehr ehrlich."[19]

Es wurde schon angemerkt, dass das Rinzai Zen die plötzliche Erleuchtung und Soto die allmähliche Annäherung zu begünstigen scheinen. Das Thema der allmählichen im Gegensatz zur plötzlichen Erleuchtung ansprechend, meint Suzuki: „Man könnte auf die Idee kommen, ich spräche über die allmähliche Erleuchtung. Dem ist nicht so. Tatsächlich ist dies [d.h. Soto], der Weg der plötzlichen Erleuchtung, denn wenn deine Praxis ruhig und gewöhnlich ist, dann ist der Alltag selbst Erleuchtung."[20] Suzuki sagt weiterhin über Zazen: „Wenn du mit dieser einfachen Übung jeden Tag weiter machst, wirst du eine wunderbare Kraft gewinnen. Bevor du sie erhältst, ist sie etwas wundervolles, aber nachdem du sie erlangt hast, ist sie nichts Besonderes. . . . So versuche nicht, etwas Bestimmtes zu suchen; versuche nicht, etwas Besonderes zu erreichen. Du besitzt bereits alles in deiner eigenen reinen Natur. Wenn du diese ultimative Tatsache verstehst, gibt es keine Angst."[21]

Weder William James noch Abraham Maslow konnten anständig und umfassend mit diesem Typ der Perspektive und des Verständnisses umgehen. Einerseits haben wir die Theorie eines

Wertes, so wie John Deweys Instrumentalisierung, dass alles ein Mittel zu einem anderen Zweck ist und nichts nur zum Selbstzweck besteht, andererseits finden wir bei Maslow eine Theorie, in welcher bestimmte seltene Höhepunkterlebnisse so äußerst wertvolle und einsichtsvolle Selbstzwecke darstellen, dass alles andere in Mittel zur Erreichung dieses Ziels verwendet werden mag. Das Problem ist in beiden Fällen das gleiche: auf welche Weise kann *alles* als ein legitimer Selbstzweck, wie einfach, bescheiden, untergeordnet, geringfügig, alltäglich und gewöhnlich es auch sein mag, angesehen werden? Wie kann „das tägliche Leben selbst Erleuchtung [sein]?" Wo liegt die Weisheit in dem, was „nur sehr einfach" ist? Was ist das Außerordentliche in dem, das „nichts Besonderes" ist?

Dogen und Soto Zen haben auf diese Fragen eine Antwort. Wenn vielleicht James und Maslow diese andere buddhistische Tradition gekannt und studiert hätten, wären die Einmal-Geborenen und die Personen ohne Gipfelerfahrung wohl mit mehr Wertschätzung behandelt worden. Einigermaßen ironisch kam Maslow selbst gegen Ende seines Lebens zur Anerkennung des Alltäglichen. Nachdem seine geschäftige und produktive Berufskarriere durch einen fast tödlichen Herzinfarkt gestoppt wurde, bemerkte er, dass „es ein sehr wichtiger Aspekt des Lebens, das ihm nach seinem beinahe Tod geschenkt worden sei, ist, dass alles sehr wertvoll und durchdringend wichtig wird. Du wirst durchbohrt von Dingen, von Blumen und von Babies und von wunderschönen Sachen – nur einfach die Tatsache zu leben, zu gehen, zu atmen, zu essen, dich mit Freunden treffen und plaudern. Alles sieht plötzlich schöner als weniger schön aus, und man hat das sehr intensivierte Gefühl für Wunder."[22]

Vielleicht wäre es angebracht, obgleich ein wenig respektlos, zu sagen, dass ein Herzinfarkt die Qualitäten eines Gipfelerlebnisses haben kann. Wenn dem so ist, ist es sicherlich nicht eine Gipfelerfahrung, die alle anderen Erfahrungen im Gegensatz dazu ausdruckslos erscheinen lassen, oder dass man versucht, sie mit Gebeten herbeizurufen, um weitere Gipfelerlebnisse dieser Art zu erfahren! Sie wird wahrscheinlich nicht zum Selbstzweck werden. Ein Herzinfarkt kann nur eine einzige Sache sein: ein Schock, ein Teil einer inneren Schock-Therapie, um einen nicht zu neuen Höhepunkten oder großartiger Ekstase, sondern zu dem, was immer schon vorhanden war, aufwachen zu lassen: leicht verfügbar, tiefgründig einfach, vollkommen gewöhnlich, aber unbemerkt oder nur halb wahrgenommen in dem üblichen abgelenkten Bewusstsein des gegenwärtigen Moments. Wenn man aufhört den Mond anzustarren, wird es sogar Glühwürmchen möglich, die Nacht zu erleuchten.

EPILOG

Zwei zeitgenössische Zen Fälle

Die zwei unterschiedlichen Beispiele der Zen Erfahrung, auf die sich diese Studie konzentrierte – Dogens und Hakuins – sind japanischen Ursprungs und stammen aus einer Zeit, die sich von der jetzigen doch sehr unterscheidet. Man müsste prüfen, ob ihre Erfahrungen und Philosophien nur in einem japanischen (oder weiter gefasst, in einem östlichen) Kontext auftreten können, oder ob sie auch im modernen westlichen Zusammenhang zu finden sind.

Lasst uns deshalb zwei unterschiedliche zeitgenössische, westliche Beispiele betrachten: einen Rinzai Zen-Praktizierenden und einen, der der Praxis des Soto-Zen folgt.

Ein moderner Rinzai Fall

Das erste Beispiel ist der amerikanische Rinzai Meister Philip Kapleau, der einen dramatischen spirituellen Durchbruch nach einer Periode erheblichen inneren Aufruhrs und ernsthaften Suchens erfuhr. Das wesentliche Profil der Symptome, der geistige Zustand und der Fluss der Ereignisse sind in der Rinzai Literatur geläufig. Es gibt viele ähnliche Fälle, die von Kapleau in seinem Buch „*Die drei Pfeiler des Zen*“ und „*Zen: Dawn in the West*“ [dt.: Zen: Morgendämmerung im Westen] zitiert werden.

Zum Beispiel berichtet jemand, dass sein „spirituelles Leben ein einziges Gestrampel nach dem anderen war, bis ich . . . . erschöpft und niedergeschlagen, mit dem Sitzen [in Meditation] begann.“ Aber bei seinem ersten Zugang zur Zen Praxis war sein Ergebnis, dass „es irgendwie eine Todesfurcht erweckte, welche mich fast ohne Ruhepause über die nächsten zwei Jahre hin verfolgte. Ich war durchtränkt von schrecklicher Angst und psychischer Benommenheit. Ich war in Panik allein zu sein. Bei einer Gelegenheit war ich so davon überzeugt, sterben zu müssen, dass ich das Auto anhielt und ausstieg, damit ich nicht unbemerkt sterben würde.“

Er führte die Zen Praxis jedoch mit dem Zuspruch des Roshi fort. Er riet ihm – auf charakteristische Rinzai Weise –, dass diese tiefe Beunruhigung dabei helfen würde, sich intensiver mit dem Problem auseinanderzusetzen und der eigenen Meditationspraxis größere Tiefgründigkeit verleihen würde. Je verzweifelter das Gefühl des eigenen Dilemmas, desto mehr Energie könne erzeugt werden, und umso größer sei die Chance, inneren Druck für einen bedeutungsvollen Durchbruch zu erzeugen. Als ob dieser Prozess damit unterstützt würde, tauchten tatsächlich weitere Symptome auf, wobei die schon vorhandenen Schrecken andauerten. „Während eines heißen Sommers überfiel mich eine von entsetzlichen Verspannungen begleitete Schlaflosigkeit, und diese sollte mich über 18 Monate hinweg quälen. Mein Lehrer drängte mich mit Zazen weiterzumachen.“

Einige Zeit später nahm der Praktizierende an einem *Rohatsu Sesshin* (eine Periode intensiver Meditation im Dezember, die Buddhas Erleuchtung gedenkt) teil. Mit dem Gefühl, dass ein kritischer Augenblick bevorstehe, „warf ich mich gänzlich in das Koan [das Mu Koan, das gewöhnlich für Anfänger benutzt wird]. Die nächsten Tage verbrachte ich in ungemildeter Unruhe. Weitergedrängt vom Kyosaku [dem Holzstab zum Schlagen], den Schreien der Aufsichtsführenden [Meditationsleitern] und dem Drängen des Roshi, versuchte ich, tiefer in mein Koan einzudringen, aber Gedanken blieben immer bestehen. So sehr ich mich auch in der Arbeitsperiode und während der Mahlzeiten bemühte, konzentriert auf mein Koan zu bleiben, meine Gedanken wanderten umher. . . . Der alte Zweifel stieg wieder auf: dies kann ich niemals schaffen; diejenigen, die ihr erstes Koan gelöst haben, sind jetzt die Assistenten; sie sind alle jung und schaffen es. . . . Es war hoffnungslos und ich versank in Verzweiflung."

Solche Empfindungen waren jedoch einem Gefühl gegenübergestellt, dass es seine Pflicht sei, die Angelegenheit durchzuziehen und dass das Versagen irgendeine Art von Kensho zu erreichen auch ein Versagen gegenüber dem Meister und den anderen sei, die so schwer gearbeitet und ihm durch das Labyrinth geholfen hätten. „Ich wurde mir einer schrecklichen Verpflichtung bewusst. Ich konnte das Sesshin nicht verlassen. Die Kraft des gesamten Sesshin schien sich in meinem Hara (Unterleibsregion) zu konzentrieren. Die Schultern, Arme und der Bauch waren zwar entspannt, aber da war diese gewaltige Kraft zugange. Der Kampf nahm übermenschliche Ausmaße an. Es kamen Perioden, in denen sich nichts tat, doch das war zuviel für meine Ungeduld. Es war so als ob man durch eine Mauer krachen würde."

Dann regten sich wieder Zweifel. „Ich eilte zum Dokusan, kam aber verwirrt zurück. Roshi hatte mich befragt, mir geholfen, aber als ich zurückkam, stieg Zweifel über ihn in mir auf. ‚Er lässt mich zu leicht passieren. Er ist nicht tief erleuchtet und möchte dies auch keinem anderen zugestehen.' Der Aufseher schlug mich. Es schmerzte. ‚Diese ganze Zen Sache ist Quatsch! Harada Roshi hat zugegeben, dass alles was er machte, war Wasser am Fluss zu verkaufen. Da ist nichts Besonderes dabei!' Ich kämpfte mit einem komischen Gefühl ganz allein zu sein, vollkommen verlassen." Das eine Woche dauernde Sesshin ging bald zu Ende und es war anscheinend kein Durchbruch in Sicht. Alles erschien mir nichtig.

Nachdem sich mehrere Perioden der Begeisterung und Verzweiflung abgewechselt hatten, erlebte der Übende eine große Todesfurcht, gefolgt von ihrem Gegenteil, der Furcht nicht sterben zu können. Schließlich verschwanden die Bedenken für beide Möglichkeiten, und er erlebte nur noch die Bewusstheit eines riesigen freien Raumes. In diesem Fall war die Leerheit nicht ein Gefühl des Alleinseins und Verlassenseins. Die Empfindung war eine von „Ganzheit und Vollständigkeit. Es gab kein Gefühl etwas kontrollieren zu müssen. Vollständige aber natürliche Befreiung." Er ging zum letzten Mal zum Roshi – das Sesshin war nun offiziell vorüber – um seine neue Erfahrung bestätigt, oder zurückgewiesen zu bekommen. Der Meister fragte ihn drei Mal zum Koan Mu. Bei der dritten Befragung „ging die Frage plötzlich tiefer und ein Ausbruch, ein Vulkan brauste vom Hara herauf. Ich schrie ‚Das ist Mu! Mu! Mu!' Ich schrie laut und lachte. ‚Großartig Mu! Mein Gott, das ist Mu!'."

Dann beschrieb er das verzückte Gefühl, das noch einige Zeit danach anhielt. „Acht oder neun Stunden nachdem wir Roshi verlassen hatten, kamen wir zuhause an. Diese Nacht verbrachte ich schlaflos. Grenzenloser, freudiger Frieden. Ich war erschöpft, konnte aber nicht schlafen, so groß war meine Freude. Den Rest der Woche und noch länger darüber hinaus hielt das Gefühl, unbehindert zu sein, auf eigenen Füßen zu laufen, mit den eigenen Augen zu sehen, an. . . . Eine wahrhaftige Auflösung hatte sich ereignet, aber Überbleibsel verblieben. Alte Gewohnheiten, Geisteszustände, Reaktionen – sie sind noch immer da. Aber sie haben ihre Anhaftung verloren. Alte Feinde erscheinen, zerbröseln und werden zu Staub, und diese Gewaltherrschaft des alten toten Königs ist gebrochen, er braucht nicht länger gefüttert werden."[1]

Ein moderner Soto Fall

Ein zweites, dazu in ziemlichem Gegensatz stehende Beispiel ist der Fall eines jungen Mannes, der mit der Zen Praxis in einem Soto Zentrum in Chicago begann. Seine Motive mit der Zen Übung zu beginnen und sie weiterzuverfolgen waren völlig verschieden zum ersten Beispiel. Er hatte ein paar Bücher über Zen gelesen, bevor er sich wagte, zu einer Meditationssitzung zu kommen. Jedoch basierten die Bücher auf der Rinzai Tradition mit ihrer Betonung auf dem Gebrauch der Koans und der Satori Erfahrung. Dies führte zunächst zu Verwirrung und Missverständnis, wie auch zu falschen Erwartungen – dadurch entstanden zu Beginn einige Probleme. Als die Situation geklärt war, begann ein zu seinem besonderen Temperament besser passender normaler Prozess der Entwicklung.

„Ich bin zum Zen Zentrum hauptsächlich aus Neugier gekommen. Daher fühlte ich mich von keinem tiefen Zwang getrieben, hatte keine tiefgründige Angst oder Unzufriedenheit.

Ich war mir keiner besonderen Beunruhigung oder eines Aufruhrs bewusst. Noch war ich dazu durch irgendeine brennende existenzielle Frage über Leben und Tod, Bedeutung oder Bedeutungslosigkeit getrieben worden. Ich habe das Leben mehr oder weniger so genommen, wie es ist; und es hat mir immer gefallen, neue Dinge zu erforschen. Meine Frage war eine recht einfache: Um was handelt es sich im Zen? Was ging in diesem grauen Reihenhaus, eingepfercht zwischen einer Anzahl anderer Mietshäuser in der Halsted Straße vor sich? Es kam mir ein wenig deplaziert vor, völlig ohne japanischen Zusammenhang, kein Sand und Moos-Garten, oder Klostermauern oder verehrungswürdige Kiefern, nur ein Schild an der Frontseite in Japanisch und Englisch, auf dem ZEN BUDDHISTISCHER TEMPEL VON CHICAGO stand.

„Ich war von jeher sehr neugierig auf Dinge, die aus dem Osten kamen. Soweit ich mich zurückerinnern kann, hatte ich eine missionarische Tante, die sich in diesem Teil der Welt aufhielt, Eingeborene konvertierte und die immer mal wieder Postkarten, Gemälde und Rollbilder mit fremdartigen Szenen und Zeichnungen aus einer anderen Welt schickte. Dann gab es auch noch die Kriegsfilme und die Comicbuchkarikaturen der Japaner, welche in mir den Eindruck von Unergründlichkeit, Heiterkeit und Doppeldeutigkeit hinterließen. Nun, da wir uns in der dritten asiatischen Militärverstrickung in der gleichen Anzahl von Jahrzehnten befinden, kam uns diese exotische Welt näher und in der Universität sprach man über den Osten. Gurus, Yogis und Swamis schienen uns als Bootsladungen zu überschwemmen. Und zusammen mit Räucherstäbchen, dem Chanting und Hatha-Yoga Unterricht und vegetarischen Lebensformen kam Zen.

„Das Wort selbst hatte einen faszinierenden Klang. Dicke Bücher über Zen Meditation, Zen Koans, Zen Anekdoten und Zen Poesie überschwemmten den Markt. Es gab auch Bücher über Zen und Tee, Zen und Bogenschießen, Zen und Haiku, Zen und Gärten, Zen und Blumensteckkunst und Zen und die Kunst ein Motorrad zu reparieren. Alles war Teil einer faszinierenden neuen Welt, die sich uns eröffnete, uns ein Gefühl des Rätsels und Abenteuers bot, neue Perspektiven für alle Aspekte des Lebens und vielleicht eine Aussicht auf Schätze, die bisher nicht in westlicher Zivilisation gefunden werden konnten."

„In der Begeisterung und Lust auf etwas Neues besuchte ich das Zen Zentrum mit einigen Freunden. Wir hatten nicht vor zu konvertieren, aber wir waren offen für etwas Neues und wir kamen in einer erwartungsvollen Stimmung. Es *war* eine andere Welt: Strohmatten und schwarze Kissen, ein kleiner Altar an einer Seite mit einer Buddha-Statue und brennenden Räucherstäbchen, ein Gong und eine Trommel auf einer Seite, schlichte Wände gerade recht für eine Tusche-Skizze von Bodhidharma, der über diesen Anblick die Stirne runzelt. ‚Ziehe deine Schuhe im Flur aus, laufe im Schweigen auf Zehenspitzen, setze dich auf ein Kissen und schaue die Wand an.' Einige kurze Einweisungen über Haltung und Ablauf wurden von zwei jungen Assistenten in schwarzen Roben und distanzierten Gesichtern gegeben. Als der Roshi herein kam, begann die ‚Zeremonie'. Stehend, dem Altar zugewandt, murmelten wir auf Japanisch eine kurze buddhistische Rezitation (das Herz Sutra), woraufhin wir alle mit gekreuzten Beinen scheinbar nicht enden wollende 45 Minuten saßen und die Wand anstarrten, während der Roshi umherging und Haltungen richtete oder einigen erfahreneren Praktizierenden mit seinem Eichenstock auf die Schulter schlug. Dann standen wir zur Wiederholung der gleichen Rezitation auf, erwiesen unsere Ehre am Altar und verließen den Raum.

„Bestimmt hatte ich etwas beim ersten Mal verpasst, war neugieriger als vorher, um was es sich bei all dem Zen Gedöns handeln mag, und kam zu weiteren Sitzungen und privaten Anleitungen durch den Roshi zurück. Ich hatte einige Bücher über Zen gelesen und es schien wesentlich bunter und aufregender als dies zu sein. Wo war Basos Schrei oder Rinzais Löwen-Gebrüll? Wo waren die Koan Rätsel? Wo war das exzentrische und nicht vorhersehbare Verhalten, für das die Zen Meister berühmt-berüchtigt waren? Wann würden wir beginnen, die dunklen inneren Mächte der Maya auszubaggern, oder zu solchen ekstatischen Erfahrungen zu gelangen, die solch eine Spur von schreienden, lachenden und hervorspringenden Menschen von China nach Japan verursacht hatten?

„Der Roshi wies mich an, einfach ruhig zu sitzen und mit dem Fragen aufzuhören. Der fragende Geist musste ausgeschaltet werden. Er war wie ein Hochleistungs-Motorboot, das geräuschvoll auf der Oberfläche des Sees umher raste; in diesem Zustand konnte man niemals in die Tiefe sehen oder geschweige denn einen Fisch fangen. Ich sollte über nichts nachdenken, nicht einmal über buddhistische Dinge und noch weniger über spannende buddhistische Themen. Das würde das Wasser nur noch mehr aufwühlen. Nach einem Sturm beruhigt sich das Wasser einfach und alles kehrt zur Normalität zurück. Wenn Gedanken-Wellen kämen, sollte ich nicht dagegen ankämpfen oder darüber beunruhigt sein (das wirbelt mehr Wasser auf), sondern sie ihren Weg zum Strand nehmen lassen. Zen, sagte der Roshi, war im Wesentlichen *Zazen*. Dies war das Herz des Buddhismus. Der Weg des Buddha war ruhig in der Reinheit der eigenen Buddha-Natur zu sitzen, das war nicht etwas, das noch erreicht werden musste, oder etwas Abhandengekommenes, das verzweifelt gefunden und wiederentdeckt werden musste. So zu sitzen wie Buddha saß, an dem Ort, wo man nicht zwischen glücklich und traurig, Freude und Leid, Vertrauen und Zweifel, *sukha* und *dukkha* (süß/sauer, angenehm/schmerzhaft) oder den Hörnern eines Koan-Dilemmas hin und her geworfen wird.

„Zen, darauf bestand der Roshi, war nicht eine Art der Aufregung oder Ekstase, nicht *sukha* (Freude) ohne *dukkha* (Leiden), oder ein Puzzle, das gelöst werden musste, sondern eine Lebensweise aus dem Zentrum seines eigenen Wesens. Dann sollte ich mich von Maßlosigkeit und Extremen aller Art fern halten, einschließlich derer in Verkleidung religiöser Praxis und Empfindung. Ich sollte ‚einfach sitzen' und darauf vertrauen, dass in dieser Handlung die Buddha-Natur manifestiert werde und alle Aspekte meines Lebens durchdringen würde. Mittendrin in den täglichen Aktivitäten, selbst im Aufruhr und dem Auf und Ab, das so viel Anteil an unserem Leben hat, würde ich lernen, in und aus diesem Zentrum heraus zu leben. Dann hätte ich, wie er darstellte, ein ‚Leben täglicher Freudentage'.

„Die heitere, ruhige, gleichbleibende Art des Roshi schien dies zu bestätigen. Er strahlte eine ruhige Energie aus. Es wurde behauptet, dass er nur drei Stunden Schlaf in der Nacht benötige. Dennoch standen seine Lehren in solchem Widerspruch zu dem, was ich über Zen gelesen hatte, dass ich begann, die Autorität des Roshi in Zweifel zu ziehen. Ich hatte einen fundamentalistisch protestantischen Hintergrund, bei dem erheblicher Wert auf die Prägung durch das eigene natürliche Erbgut gelegt wird und man eine gründliche geistige Umwandlung benötigt. Ein Zen, das ein ähnliches Szenario verwendete, obgleich mit einem buddhistischen Hintergrund, stellte für mich eine familiäre Vertrautheit dar. Jedoch schien das Zen, das ich nun entdeckte, dieser bekannten Struktur oder Glauben, christlich oder buddhistisch, entgegen zu laufen. War dies die ‚wahre Sache' oder war es lediglich *bompu* Zen [elementare Lehre der Konzentration]? Warum schien der Roshi das Thema der Erleuchtung zu vermeiden oder sprach darüber auf so seltsame Weise? Könnte es sein, dass er selbst dieses Erlebnis nie gehabt habe? Warum überhaupt war er hier in Amerika, insbesondere in Chicago? Ich wunderte mich sogar noch mehr, als ich erfuhr, dass er den Mitgliedern der Polizei in Chicago Unterricht in Kampfsportarten gab.

„Eines Tages erhielt der Roshi die Nachricht, dass sein älterer Bruder, ein Zen Priester, gestorben war. Bald darauf erhielt er eine Einladung nach Hause zurückzukehren und den Familientempel zu übernehmen. Als er gefragt wurde, warum er nicht nach Japan zurückkehrte, lachte er und sagte: ‚Weil ich heißes, fließendes Wasser mag.' Meine Zweifel steigerten sich. Dies war allerdings nicht der ‚große Ball des Zweifels', von dem die Rinzai Lehrer sprechen und den sie bestärken. Es handelte sich noch nicht einmal um irgendeinen Punkt der buddhistischen Lehre. Es war der Zweifel, der für mich durch das offensichtliche Missverhältnis geschaffen wurde, zwischen dem, was ich über Zen gelesen hatte und dem, dem ich tatsächlich begegnete, was so verschieden war. Entweder es stand dazu im Widerspruch oder es war verwässert."

„Und dennoch – dies realisierte ich später klarer – hielt ich Ausschau nach einer außergewöhnlichen Erfahrung, einer Art spirituellem oder psychologischem Gegenstück zum Durchbruch der Schallmauer oder dem Einschlagen eines Blitzes. Ich war fest entschlossen, den Berg des Zazen weiter zu erklimmen, bis ES sich ereignete: jede Meditationsgelegenheit wahrzunehmen, die sich mir bot, und jeden Morgen und Abend zu meditieren. Gleichzeitig stellte sich bei mir das Gefühl ein, wie natürlich Zazen für mich geworden war, obgleich die Haltung zu Beginn nicht natürlich war. Das Schwere war das Sitzen in der Lotus Haltung anstelle einer legeren Körperhaltung. Wie viel Sinn machte das alles in einer Kultur, die so geschäftig und laut und voll von Worten war! Es gab einen direkten Eindruck der Wahrheit davon und es stimmte mit Dingen überein, die ich vorher schon gefühlt oder gedacht hatte.

„Schließlich kam der Höhepunkt, aber es war nicht der Höhepunkt oder die Einsicht, nach der ich Ausschau gehalten hatte. Ich realisiert eines Tages, dass ich schon einmal dieses Szenario erlebt hatte, als Teenager – *deja vu*. Unsere Heimatkirchengemeinde, wie viele andere im Bibel-Gürtel, veranstaltete ein- oder zweimal im Jahr ein einwöchiges missionarisches Treffen. Eigentlich gab es fast jeden Sonntag außer am Muttertag, eine evangelistische Messe mit einer Predigt, um ein Gefühl der Sündhaftigkeit der menschlichen Verfassung und Notwendigkeit zur geistigen Wiedergeburt und Erneuerung hervorzurufen. Aber eine ganze Woche eines missionarischen Treffens intensivierte die Gemütsverfassung und die Wirkung – genau wie ein einwöchiges *Sesshin* –, und war erfolgreicher ein Gefühl der Verlorenheit und eine Erfahrung des ‚Wiedergeborenseins' hervorzubringen. Für diejenigen, die dies bereits erlebt hatten, fungierten die Messen als ‚Wiedererweckung' und vertieften das eigene spirituelle Verständnis.

„Ich erinnerte mich, welchen wichtigen Teil die Zeugnisse – der besuchenden Evangelisten oder von einem Mitglied der Kirchengemeinde – einnahmen, äußerst einprägsam und effektvoll, die damit begannen, die frühere Grube des Übels und Leidens, aus dem sie errettet und in das Licht gebracht worden waren, in manchmal schrecklichem Detail zu schildern. Ich entsinne mich, wie neidisch ich auf die Tiefen der Verdorbenheit und Verzweiflung war, in die diese Zeugen gefallen waren, und welche solche mitreißenden Anekdoten ermöglichten. Ich war schlimm in Versuchung, mich für eins dieser Treffen abzumelden und Drogenabhängiger zu werden, mich in kriminellen Aktivitäten zu engagieren, Orte der Prostitution aufzusuchen, um hohe Geldeinsätze zu zocken, um hoffentlich auch die Dienste eines Psychologen in Anspruch nehmen zu können, so dass ich dann aus dem Abgrund auferstehen könne, mein Leben komplett geändert werden müsse und ich auch eine eigene spannende Geschichte zu erzählen hätte.

„Das ironische Ergebnis dessen war, dass ich in wiederkehrenden Perioden in Trübsal über die Misserfolge und Unzulänglichkeiten meines Lebens verfiel, nicht weil ich schlimm gesündigt hatte, sondern weil ich nicht schlimm genug gewesen war. Ich verzweifelte darüber, nicht in Verzweiflung zu sein und fühlte mich schuldig, kein tiefes Gefühl der Schuld zu empfinden. Ich hatte nichts zu bezeugen, außer ein relativ normales, gewöhnliches, alltägliches Leben und eine Sammlung kleiner Sünden.

„Als diese Erinnerungen vor mir aufblitzten, erfuhr ich ein plötzliches Gefühl der Erleichterung und Befreiung. Die Zen Bezeugungen, die ich darüber gelesen oder gehört hatte, belebten diesen früheren Wunsch vom Blitz und Donner des Berges Sinai getroffen zu werden wieder neu. Und sie hatten mich dazu geführt, die noch zarten Stimmen außerhalb und im Innern zu verachten oder zu ignorieren. Nun realisierte ich den Punkt Roshis stabiler und trotzdem behutsamer Führung. Ich war in Versuchung gewesen, den Beispielen anderer zu entsprechen, deren Leben und Erfahrungen nicht meine eigenen waren. Von diesem Zeitpunkt hörte ich auf, mich in die Grube werfen zu wollen oder tiefe Höhlen zu suchen, um dort mit Drachen zu kämpfen. Meine Zen Praxis begann reibungslos und natürlich fortzuschreiten. Und ich legte jeglichen weiteren Gedanken, auf eine Dachschindel zu warten, die mich am Kopf trifft, zur Seite. Der Lotus erhebt sich vom Grunde des Teiches; die Blume entfaltet ihr Licht.“[2]

BEMERKUNGEN

EINLEITUNG: ZEN-MYSTIK

1. Conrad Hyers. *Zen and the Comic Spirit* (London: Rider, 1973).
2. Harold G. Henderson. *An Introduction to Haiku* (Garden City: Doubleday, 1958), S. 169.
3. Reiho Masunaga. *A Primer of Soto Zen, A Translation of Dogen's Shobogenzo Zuimonki* (Honolulu: East-West Center Press, 1971), S. 8 und S. 13.
4. Kosen Nishiyama und John Stevens, (Übers.). *Shobogenzo*, Kapitel Bukkyo, Bd. II, (Tokyo: Nakayama Shobo, 1977), S. 23.
5. Ebenda.
6. Ebenda S.60.

KAPITEL I. DIE VIELFALT DER ZEN-ERFAHRUNG

1. Philip Kapleau. Zen: *Dawn in the West* (Garden City: Dou bleday, 1979), S. 144.
2. Kosen Imakita. *Senkai-ichiran* (Tokyo, 1958), S. 71-72.
3. Heinrich Dumoulin. *Christianity Meets Buddhism* (Lasalle, Illinois: Religious Encounter, 1974), S. 83.
4. Shunryu Suzuki. *Zen Mind, Beginner's Mind* (New York: Weatherhill, 1970); Hakayu Taizan Maezumi und Bernard Tetsugen Glassman. *The Hazy Moon of Enlightment* und *The Way of Everyday Life* (Los Angeles: Center Publications, 1978). *Zen-Geist, Anfänger-Geist.* HERDER spectrum, 2009. *Der verschleierte Mond der Erleuchtung.* O.W. Barth, 1987.
5. Francis Dojun Cook. *How to Raise an Ox: Zen Practice as Taught in Zen Master Dogen's Shobogenzo*, (Los Angeles: Center Publications, 1978) und *Sounds of Valley Streams*

(New York: SUNY Press, 1988); Reiho Masunaga. *A Primer of Soto Zen,* (Arcana, 1988); und die Nishiyama/Stevens Übersetzung des *Shobogenzo*. Auch Abe Masao hat Teile des *Shobogenzo* in kürzlich erschienen Ausgaben des *The Eastern Buddhist* übersetzt.

6. S. Suzuki. *Zen Mind*, S. 9.
7. Ebenda.
8. Ebenda S. 28.
9. Ebenda S. 135.
10. Philip Kapleau. *Three Pillars of Zen* (New York: Harper and Row, 1967), S. 25-26. *Die drei Pfeiler des Zen: Lehre-Übung-Erleuchtung*. O.W. Barth, 2010.
11. „*Hokyo-ki*", Abschnitt 16-17.
12. Kapleau. *Zen: Dawn*, S. 49.
13. Ebenda S. 50.
14. Daisetz T. Suzuki. *An Introduction to Zen Buddhism* (London: Rider and Company, 1949), S. 189.
15. S. Suzuki. *Zen Mind*, S. 14.
16. Ebenda S. 49.
17. Kapleau. *Three Pillars*, S. 149.
18. S. Suzuki. *Zen Mind*, S. 99.
19. Kapleau. *Three Pillars*, S. 114.
20. Ebenda S. 65.
21. William James. *The Varieties of Religious Experience* (New York: Longman's, Green and Co., 1902) S. 79.
22. Ebenda S. 162.
23. Zenkei Shibayama. *A Flower does Not Talk*, übersetzt von Sumiko Kudo (Rutland, Vt.: Charles E. Tuttle Co., 1970), S. 46-47. *Zen. Eine Blume spricht ohne Worte*, Suhrkamp 1995.
24. Kapleau. *Three Pillars*, S. 228.
25. Ebenda S. 229.
26. "*Ten Directions*" (June, 1981), S. 3.

27. Kapleau, *Three Pillars*, S. 154.
28. Trevor Leggett. *The Tiger's Cave* (London: Rider and Co., 1964), S. 37.
29. S. Suzuki. *Zen Mind*, S. 55.

KAPITEL II.
NOCHEINMAL-GEBORENER BUDDHISMUS: HAKUIN

1. Zitiert in Kapleau. *Three Pillars*, S. 168.
2. Conrad Hyers. *Zen and the Comic Spirit*, S. 39.
3. Philip Yampolsky. *The Zen Master Hakuin: Selected Writings* (New York: Columbia University Press, 1971), S. 116.
4. Ebenda S. 117.
5. William James. *The Varieties of Religious Experience*, Vortrag VI – VII.
6. Ebenda, Vortrag VIII.
7. Yampolsky. *Hakuin*, S. 118.
8. Ebenda.
9. Winston and Jocelyn King, (Übers.)."The Fourth Letter from Hakuin's *Orategama*." *The Eastern Buddhist*, Bd. V, Nr. 1 (May 1972), S. 95.
10. Yampolsky. *Hakuin*, S. 135.
11. Ebenda S. 144.
12. James. *Varieties*, S. 142.
13. Yampolsky. *Hakuin*, S. 136.
14. King. *Orategama*, S. 86.
15. Ebenda S. 87.
16. „*Orategama*"III.
17. Yampolsky. *Hakuin*, S. 25.
18. Ebenda S. 133.
19. Ebenda S. 146.
20. Ebenda S. 91.
21. Ebenda S. 94.
22. Ebenda S. 119.

23. Ebenda S. 118.
24. Ebenda.
25. Ebenda S. 121.
26. Aus Hakuins *Yassenkanna*, zitiert in Leggett, *Tiger's Cave*, S. 142.
27. Ebenda S. 142-43.
28. Yampolsky. *Hakuin*, S. 121-22.
29. Ebenda S. 66
30. Mumon. *The Mumonkan*, („The No-Gate).
31. Yampolsky. Hakuin, S. 73, S. 75, S. 82-83.
32. Ebenda S. 65.
33. Ebenda S. 39.
34. Ebenda S. 69.
35. Ebenda S. 164.
36. Ebenda S. 32.
37. Ebenda S. 170.
38. Ebenda S. 53.
39. Ebenda S. 57.
40. Ebenda S. 34.
41. Ebenda S. 58.

KAPITEL III. EINMAL-GEBOREN ZEN: DOGEN

1. Dogen 1242.
2. Dogen. *Zuimonki*, in Masunaga, A Primer of Soto Zen, S. 97.
3. Takashi James Kodera. *Dogen's Formative Years in China: An Historical Study and Annotated Translation of the Hokyo-ki* (London: Routledge and Kegan Paul, Ltd., 1980), S. 23.
4. Hee-jin Kim. *Dogen Kigen, Mystical Realist* (Tucson: University of Arizona Press, 1975), S. 40.
5. Yuho Yokoi. *Zen Master Dogen* (New York: Weatherhill, 1976), S. 62.
6. James, *Varieties*, S. 78.

7. Kim. *Dogen* S. 87.
8. *Dogen zenji zenshu*, Okubo Doshu (Hrsg.) Bd. I, S. 345.
9. Nishiyama/Stevens, (Übers.). *Shobogenzo*, Bd. II, S. 117.
10. Kodera. *Formative Years*, S, 126.
11. Ebenda S. 118.
12. Ebenda S. 117.
13. Ebenda.
14. Ebenda S. 129-30.
15. „*Dogen zenji zenshu*“, Bd. I, S. 450.
16. „*Kenzei-ki*“ in *Soto-shu zensho* (Tokyo: 1929-35), Bd. 17, S. 20.

KAPITEL IV.
PHILOSOPHIE UND BUDDHISTISCHE BESTÄTIGUNG.

1. "*Shobogenzo*", Übersetzung von Cook, *How to Raise an Ox*, S. 96.
2. Ebenda S. 95, S. 97.
3. Taizan Maezumi. *The Hazy Moon*, S. 29.
4. James. *Varieties*, S. 165.
5. Ebenda S. 89.
6. Ebenda S. 99.
7. Yokoi. *Zen Master Dogen*, S. 29.
8. Nishiyama/Stevens, (Übers.). *Shobogenzo*, Bd. II, S. 124.
9. Daisetz T. Suzuki. *Essays in Zen Buddhism, Third Series* (London: Rider and Co., 1953), S. 45.
10. Kim. *Dogen*, S. 40.
11. Yokoi. *Zen Master Dogen*, S. 57.
12. Ebenda S. 45.
13. Thomas P. Kasulis. *Zen Action, Zen Person* (Honolulu: University Press of Hawaii, 1981) S. 93.
14. Ebenda s. 78.
15. Kodera (Übers.). *Hokyo-ki*, S. 119.
16. Leggertt. *Tiger's Cave*, S. 77.

17. Nishiyma/Stevens, (Übers.). *Shobogenzo*, Bd. II, S. 63.
18. Cook, (Übers.). *Shobogenzo*, S. 96.
19. Abe Masao. *„Dogen on Buddha Nature". The Eastern Buddhist*, Bd. IV, Nr. 1 (Mai 1971), S. 39.
20. Cook, (Übers.). *Shobogenzo*, S. 44.
21. Yokoi. *Zen Master Dogen*, S. 46.
22. Nishiyma/Stevens, (Übers.). *Shobogenzo*, Bd. II, S. 55.
23. Kim. *Dogen*, S. 54.
24. Nishiyma/Stevens, (Übers.). *Shobogenzo*, Bd. II, S. 26.
25. Yokoi. *Zen Master Dogen*, S. 46.
26. Philip Yampolsky. *The Platform Sutra of the Sixth Patriarch* (New York: Columbia University Press, 1967), S. 135.
27. Leggett. *Tiger's Cave*, S. 76.
28. Kim. *Dogen*, S. 33.
29. Ebenda.
30. Nishiyma/Stevens, (Übers.). *Shobogenzo*, Bd. II, S. 29.
31. Abe. *„Dogen"*, S. 79.
32. Ebenda S. 48.
33. Nishiyma/Stevens, (Übers.). *Shobogenzo*, Bd. II, S. 104.

KAPITEL V.
DER STILLSTAND UND DER SCHLAMMIGE TEICH.

1. Abe Masao und Norman Waddell, (Übers.). *„Dogen's Bendowa"*, *The Eastern Buddhist*. Bd. IV, Nr. 1 (Mai 1971), S. 128.
2. Yampolsky. *Zen Master Hakuin*, S. 147.
3. King. *"Hakuin's Orategama"*, S. 86.
4. Ebenda S. 104.
5. John C.H. Wu. *The Golden Age of Zen* (Taipei: National War College, 1967), S. 203.
6. Christmas Humphreys. *Buddhism* (London: Penguin Books, 1951), S. 184.
7. Alan W. Watts. *The Way of Zen* (New York: Pantheon

Books, 1957), S. 155.
8. Kapleau. *Three Pillars*, S. 88.
9. Kapleau. *Zen Dawn*, S. 141.
10. Ebenda S. 153-54.
11. Ebenda S. 141.
12. Ebenda S. 153.
13. Ebenda S. 162.
14. Kapleau. *Three Pillars*, S. 145-46.
15. Ebenda S. 147.
16. Hyers. *Zen and the Comic Spirit*, S. 129-30 und S. 131 für weitere Unterscheidungen.
17. D.T. Suzuki. *Essays, Third Series*, S. 30.
18. Hyers. *Zen and the Comic Spirit*, S. 131.
19. Ebenda S. 54.
20. Charles Luk. *Ch'an and Zen Teaching*, Bd. II (London: Rider and Co., 1961), S. 114.
21. Kapleau. *Three Pillars*, S. 42-46.
22. Ebenda S. 46.
23. Ebenda.
24. Ebenda S. 61.
25. Ebenda.
26. Yokoi. *Zen Master Dogen*, S. 50.

KAPITEL VI.
ETWAS WUNDERBARES, NICHTS BESONDERES.

1. James. *Varieties*, S. 120.
2. Ebenda S. 160.
3. Ebenda S. 7.
4. Ebenda S. 162.
5. Watts. *Ways of Zen*, S. 170.
6. James. *Varieties*, S. 157-58.
7. Ebenda S. 158.
8. Ebenda.

9. Ebenda S. 81-82.
10. Ebenda S. 87.
11. Ebenda S. 79.
12. Ebenda S. 80-81.
13. Abraham Maslow. *Toward a Psychology of Being*, 2. Ausgabe (New York: D. Van Nostrand, 1968), S. 71-114.
14. Ebenda S. 80.
15. Ebenda S. 102.
16. Ebenda.
17. Ebenda S. 80.
18. Kapleau. *Three Pillars*, S. 287-89.
19. Shunryu Suzuki. *Zen Mind, Beginner's Mind*, S. 57, S. 82.
20. Ebenda S. 58-59.
21. Ebenda S. 46, S. 61.
22. *Psychology Today*, August 1970, S. 16.

EPILOG: ZWEI ZEITGENÖSSISCHE ZEN FÄLLE.

1. Kapleau. *Zen: Dawn*, S. 145-51.
2. Anonyme Auskunftsperson: Verwendung mit Genehmigung.

STICHWORTVERZEICHNIS

DANKSAGUNGEN

Entwürfe des Buchmaterials wurden zunächst der Amerikanischen Religionsakademie in San Francisco, dem Kongress der Internationalen Gesellschaft für Religionsgeschichte in Winnipeg, Kanada, und dem Internationalen Symposium zur Umkehr Theorie hinsichtlich Persönlichkeit, Motivation und Emotion im psychologischen Bereich an der Universität von Cardiff, Wales, präsentiert. Von den letzten beiden Konferenzen wurden die richtungsweisenden Aufsätze anschießend zu Publikationszwecken ausgewählt und in Buchform veröffentlicht: *Traditions in Contact and Change, Selected Proceedings from the XIVth Congress of the International Association for the History of Religions*, herausgegeben von Peter Slater und Donald Wiebe (Waterloo, Ontario: Wilfrid Laurier University Press, 1983), © 1983 Kanadische Gesellschaft für Religionsstudien; und *Reversal Theory: Applications and Developments*, herausgegeben von M.J. Apter, D. Fontana und S. Murgatroyd (Cardiff, Wales: University College Cardiff Press, 1985), © 1985 University College Cardiff. Großer Dank gebührt diesen Verfassern und Verlagen für das Recht das ursprünglich in diesem Zusammenhang erschienene, umfangreiche und überarbeitete Material benutzen zu dürfen.

Der Dank gilt auch für Material folgender Quellen:

Dem Columbia Universitäts Verlag für Auszüge aus Philip Yampolsky, *The Zen Master Hakuin: Selected Writings*, copyright © 1971 Columbia University Press. Verwendung mit Genehmigung.

Doubleday und Company für ein Zitat aus *An Introduction to Haiku*, übersetzt von Harold G. Henderson. Copyright © 1978,

1979 vom Zen Center, Inc. Neu aufgelegt mit Genehmigung von Doubleday, eines Geschäftsbereichs von Bantam, Doubleday, Dell Publishing Group, Inc.

Doubleday und Company für Auszüge aus *Three Pillars of Zen* von Philip Kapleau. Copyright © 1965 von Philip Kapleau. Copyright © 1980 von Doubleday, eines Geschäftsbereiches von Bantam, Doubleday, Dell Publishing Group, Inc. Neuauflage mit Genehmigung des Verlags. *Die drei Pfeiler des Zen: Lehre – Übung – Erleuchtung*, O.W. Barth 2010.

Der John Weatherhill Inc. für Auszüge aus *Zen Mind, Beginner's Mind* von Shunryu Suzuki, verfasst von Trudy Dixon mit einem Vorwort von Huston Smith and einer Einleitung von Richard Baker. Copyright © 1970 von John Weatherhill Inc. Genehmigung beantragt. *Zen-Geist, Anfänger-Geist: Unterweisungen in Zen-Meditation*, HERDER spektrum 2009.

Nakayama Shobo für Auszüge aus Dogen Zenjis *Shobogenzo*, übersetzt von Kosen Nishiyama und John Stevens, Bd. II Copyright © 1977 von Kosen Nishiyama und John Stevens. Genehmigung beantragt.

Dem Shambala Verlag für Auszüge aus *Dogen's Formative Years in China* von Takashi James Kodera © 1980. Neuauflage durch Arrangement von Shambala Publications, Inc., 300 Massachusetts Avenue, Boston, MA 02115.

Dem Verlag der Universität Arizona für Auszüge aus *Dogen Kigen, Mystical Realist* von Hee-jin Kim. Copyright © 1975 von The University of Arizona Press. Verwendung mit Genehmigung.

Große Dankbarkeit sei auch für die Erlaubnis zur Verwendung der beiden Porträts von Dogen und Hakuin ausgedrückt.

Das Dogen Porträt ist aus *Dogen's Formative Years in China* von Takashi James Kodera, (Boulder: Prajna Press, 1980).

Dank für ein Titelbild von *Dogen to sono deshi* (Toykyo: Mainichi Shimbun-sha, 1972).

Das Selbstporträt von Hakuin Zenji stammt aus einem Privatdruck eines Buches in Kyoto, 1967.

Für das Lektorat zur deutschen Übersetzung und die gute Zusammenarbeit großen Dank an Frau Dr. Andrea Liebers.

Aus diesem Verlag:

Hakuun Yasutani
SHOBOGENZO SANKYU
Ein Kommentar zu Dogen Zenjis
GENJOKOAN
ISBN 978-3-9813504-0-1
Dogen Zenji war eine herausragende Persönlichkeit des Buddhismus im 13. Jahrhundert und Begründer der japanischen Soto-Schule. Unter Dogen Zenjis umfangreichen Schriften ist Genjokoan diejenige, die er für den Anfang seines Hauptwerkes Shobogenzo (Die Schatzkammer des wahren Dharma-Auges) auswählte. In knapper und poetischer Form werden darin wichtige Fragen zum Verständnis des Buddhismus angesprochen und es wird als Schlüssel zum Shobogenzo angesehen.

Kazuaki Tanahashi und Peter Levitt
NARREN - Alte buddistische Geschichten voller Weisheit und Ironie aus dem EINHUNDERT PARABEL SUTRA
ISBN 978-3-9813504-1-8
Das Einhundert Parabel Sutra ist als das humorvollste Sutra der gesamten buddhistischen Literatur bekannt. Jede Geschichte wird mit dem entsprechenden Kommentar zu einer einfachen Lektion für das tägliche Leben. Alle diese Geschichten stellen unsere Neigungen und auch Täuschungen in einer sanftmütigen Klarheit heraus. Dadurch werden sie zu einem präzisen Spiegel unserer menschlichen Natur.

Sherry Chayat
CIRCLES Zen-Kalligraphie von Kazuaki Tanahashi
ISBN 978-3-9813504-2-5
CIRCLES ist in Wort und Kunst eine Homage an die Symbolkraft des Kreises oder des Enso, wie er in der japanischen Zen-Kalligraphie genannt wird. Während Sherry Chayat den spirituellen Aspekt dieses Symbols in der uns bekannten Menschheitsgeschichte beleuchtet und seine Allgegenwärtigkeit verdeutlicht, erschließt Kazuaki Tanahashi seine tiefgründige Essenz durch die Ausdruckskraft der Zen-Malerei.

www.enso-verlag.de